_{TM}Computadoras para Klutzes

Básicas, correo-e,

e

Internet

Un curso de familiarización para personas mayores

Charles Clark Richmond

Edición 1

Monadnock Mountainside Publications ... Peterborough, New Hampshire

First published by AuthorHouse: 7/10/2007

Publicado por Monadnock Mountainside Publications
8 Colonial Square
Peterborough, NH, U.S.A. 03458

Tel: (603) 924-9904

Web Site: WWW.ComputersForKutzes.com

Número de Control de la Biblioteca del Congreso: 2007905129

ISBN: 978-1-4343-2176-3 (sc)

Impreso en los Estados unidos de América

Los datos de Cataloging - en - publicación de editor:

1. Computer Learning Text   2. Computer How To for Seniors
3. Computer Education for Seniors   4. Computer Instruction for Seniors
5. Technical Education for Older Adults 6. Technical Training for Older Adults

Dedico este libro
a todos aquellos que como yo, han sido dejados
de lado y considerados por otros como
"imposibles de entrenar."

Esta categorización nos ha perjudicado a
muchos. Hemos sido afectadas por los recortes
empresariales, negada la oportunidad de
aprender nuevas técnicas, o cuando alcanzamos
cierta edad, se nos ha dicho que somos
¡incapaces de aprender!

Pero...
¡Nosotros podemos y en realidad aprendemos **si
se nos da la información en una forma que
podamos aprender**!
Eso es lo que he tratado de hacer con este libro.
He tratado de hacer las cosas fáciles de
entender.

Charles C. Richmond, Ed. D.

Sobre el autor

- Doctor en Educación, University of Massachusetts, Amherst. Matemáticas, Ciencia y Tecnología de la Información.

  - Coautor de "Guía del Escritor Técnico" (1958). Coca-Cola, Atlanta, Georgia. Un libro que explica cómo exponer la información acerca de la reparación y mantenimiento de las máquinas expendedoras.

    - Autor de "Técnicas de programación para exámenes de múltiples opciones" (1983). Un sistema de bases de datos relacionales para microcomputadoras.

      - Autor de artículos para revistas sobre el potencial de las microcomputado

Nuestro traductor Carmen Bertran de ...

- Licenciatura en Ciencias, universidad de Barcelona, Barcelona, España, antropología.

- Doctor en antropología en marcha, la universidad de Barcelona, Barcelona, España.

- Traductor de muchos libros de novelas falsificar libros.

- Traductor, autor, lector de prueba, editoriales de Zendrera, Barcelona, España.

- Intérprete, traductor, el profesor el centro latinoamericano, Manchester, New Hampshire.

c o n t e n i d o

¡Bienvenidos Klutzes!

Este libro está dirigido a los que no se criaron con las computadoras. Y a algunos de nosotros, que nos iniciamos en los misterios de la computación mucho antes de la llegada de las máquinas en miniatura de hoy en día. Hablamos un idioma diferente al que oímos en los anuncios de la televisión actualmente. Llegamos antes de los "teclados", "cargar archivos" y "comercio en la red" y cosas por el estilo.

Nosotros, los Klutzes, somos algunas de las personas más listas del mundo entero, pero tenemos problemas con todas estas máquinas "Amistosas con las personas". Nos extraña que nos clasifiquen como "Usuarios", porque eso solía connotar a las personas que se beneficiaron aprovechando el deseo de otra persona de ser justo. El único "correo" que conocíamos era el que repartía el cartero. El único "monitor" que conocíamos era el niño de la clase a quien el profesor nombraba para escribir los nombres de los que se portaban mal mientras ella no estaba en el aula. El "Equipo físico" era algo que uno iba a comprar a la tienda cuando estaba arreglando algo en casa. Y uno supondría probablemente que el "software" era algo hecho de tela o alguna otra tela blanda. Nuestros hijos han redefinido estos términos tan familiares y les han dado un significado muy diferente.

Este libro lo guiará a través de este laberinto de jergas y personas "amigable" para que aprenda a utilizar y se sienta lo bastante cómodo como para dar órdenes a la computadora y que ésta haga lo que usted le ha pedido. Usted se ha lanzado a hacer algo que será muy diferente a lo que ha aprendido anteriormente. Haremos todo lo posible para relacionar los términos que nos son familiares con los diferentes significados que han adquirido hoy en día. Para que sea más fácil de absorber, trataremos de repetir palabras cuyos significados no hayan cambiado y relacionarlos con las palabras cuya significado sí haya cambiado. El apéndice D de este libro contiene una lista de estas palabras con sus significados actuales y explica lo que significan en palabras Klutz. Esto requiere tiempo, para absorberlo. No lo aprenderá de una sentada.

El libro está dividido en lecciones y cada una debería tomarla un par de horas. Algunas lecciones tienen más ejercicios de las seis estándar. Para hacer algunos ejercicios tendrá que utilizar el material que ya ha visto en lecciones anteriores. Para los que no sean muy rápidos tecleando, entregaremos un disco con las respuestas correctas, para que puedan hacer todo lo que se requiera para hacer ejercicios en los que haga falta cierta información para alterar o corregir.

Este curso le ofrece un breve vistazo general sobre el uso de computadoras personales. Está dividido en tres secciones: procesamiento de textos, correo electrónico y lectura de sitios de Internet. Hay dos lecciones sobre procesamiento de textos que le ayudarán a empezar a utilizar una computadora demostrándole lo fácil que es hacer que la computadora lleve a cabo tareas simples, como escribir una carta. Puesto que las personas cometemos errores, le enseñaremos cómo corregir algunos de los errores normales que usted probablemente cometerá. Las dos lecciones sobre el uso del correo electrónico le ayudarán a conseguir una cuenta de correo electrónico gratis, a aprender a no equivocarse al introducir direcciones de correo electrónico (utilizando la libreta de direcciones), a enviar correo electrónico a grupos de personas y muchas otras características de un buen programa de correo electrónico.

El apéndice A expone y explica muchas de las órdenes de los menús y de los "cuadros de diálogo" que el programa utiliza para que el usuario pueda llevar a cabo algunas tareas muy sofisticadas.

El apéndice B es una sumario de las teclas que hay que pulsar (accesos directos) para dar órdenes a la computadora, que usted habrá visto a lo largo del curso.

El apéndice B repite las secuencias de órdenes que se dan con más frecuencia pulsando teclas. Es mucho más fácil tener esta sencilla área de referencia para esta información que tener que buscar en el texto cada vez que se olvide cómo dar una serie de órdenes.

El apéndice D contiene un glosario de los términos de computación más comunes, en el que las palabras que forman parte de la jerga computacional se traducen a un lenguaje mucho más entendible.

Al principio le pediremos que utilice el teclado para dar órdenes, para que no tenga problemas para utilizar la computadora, por si no tiene la debida coordinación para apuntar con el puntero del ratón en un lugar y presionar una de las teclas del ratón mientras lo mantiene presionado. Cuando se sienta cómodo, puede utilizar el ratón, pero le sugerimos que trate de dar las órdenes con el teclado en las primeras lecciones. Verá cómo es más cómodo utilizar una combinación de órdenes con el teclado y el ratón, razón por la cual encontrará que ambas órdenes aparecen juntas a lo largo del libro. Mézclelas de la forma que le parezca más cómoda.

Espero que disfrute de su experiencia con los textos de ₜₘComputadoras para Klutzes.

Empezando

Lección 1

La revolución de las computadoras

Christopher Evans en su libro *The Micro Millennium*, que se publicó por primera vez en 1980, empieza:

> ESTE LIBRO es sobre el futuro. No un futuro distante que nosotros y nuestros descendientes podemos ignorar tranquilamente, sino un futuro que es inminente y cuyo progreso puede determinarse con cierto grado de precisión. Es un futuro que comportará una transformación de la sociedad mundial en todos los niveles y que, aunque empezará lentamente, tomará velocidad con fuerza súbita. Es un futuro en gran parte moldeado por una tecnología única y asombrosa en su desarrollo, cuyo impacto sólo se está empezando a notar. La parte de la tecnología de la que estoy hablando es, por supuesto, la computadora.

Destrezas básicas en computación se ha diseñado para que las personas que no tuvieron la oportunidad de aprender a utilizar la computadora, comprendan un poco mejor cómo funcionan. Gran parte del miedo que provoca este aparato tan simple es resultado del lenguaje altamente especializado que se ha generado a su alrededor. Empezaremos definiendo algunos de los términos más básicos e iremos añadiendo algunos nuevos en cada lección.

En el Apéndice C "Glosario" podrán encontrar una explicación de todos los términos que siguen y muchos más.

Todas las computadoras se dividen en dos partes.

Equipo físico (Hardware) .... La máquina electrónica que lleva a cabo las tareas que se le asignan. Esta parte tiene un cordón que se enchufa en un tomacorriente eléctrico, se puede encender y apagar y proporciona los resultados que se esperan.

Programas de computación (Software) .... Las instrucciones que controlan el funcionamiento de la máquina. Es el grupo de instrucciones que le dicen a la computadora cómo completar una tarea que se le ha pedido. Hay que dividir estas tareas en muchas tareas más sencillas. La computadora parece que hace su trabajo, que a veces es mucho, en un momento. A lo mejor lo que confunde a la gente es el hecho de que lleve a cabo una sola tarea.

<u>Algunos artículos de equipo físico (hardware).</u>

Teclado (Keyboard) **....** Un aparato que se utiliza para introducir material en la computadora, de caracter en caracter. Los teclados de la computadora se parecen a los de las máquinas de escribir mecánicas o eléctricas, hasta el punto de que las letras están dispuestas para disminuir la velocidad de los mecanógrafos, para evitar atestar los dispositivos mecánicos.

Monitor o video ... Un aparato que se utiliza para mostrar caracteres y/o imágenes en blanco y negro o a color. Estos aparatos digitales son los precursores de la más moderna tecnología televisiva.

Disco duro (Hard Disk) ... Un dispositivo que normalmente está instalado de forma permanente dentro de la computadora, que puede grabar, almacenar y recuperar palabras o imágenes. Estos dispositivos tienen una capacidad inmensa; actualmente, es bastante normal que puedan almacenar varios billones de caracteres en material escrito. En la actualidad hay discos duros disponibles que se pueden instalar y desinstalar, lo que mejorar la seguridad de los datos y la transportabilidad.

Disquete (Flexible, diskette o floppy disk) **....** Un aparato portátil que es lo bastante pequeño como para poder transportarlo y guardarlo con facilidad. Como el disco duro, se acostumbra a utilizar para guardar material de la computadora, tanto caracteres como imágenes. En la actualidad, los disquetes acostumbran a ser cuadrados, de 3-1/2", con una lámina de metal en un lado, para proteger el interior flexible magnético.

CD ROM ... Este medio de almacenamiento se diseñó, en principio, para producir música. El nombre CD ROM es un acrónimo que se forma con la primera letra de cada palabra de la definición en inglés, disco compacto que sólo lee discos (que sólo lee significa que las marcas digitales grabadas no se pueden borrar ni se puede volver a grabar encima). Como utilizaba marcas digitales muy tenues para generar sonido, tuvo tanto éxito que la industria informática investigó la técnica y descubrió que en los discos se podían almacenar los caracteres de la computadora e imágenes.

<u>Un poco de software general.</u>

Programa (Program) **....** Un grupo de instrucciones que la computadora puede comprender y que cuando se siguen se llevan a cabo las tareas.

DOS.... Otra sigla - el Sistema Operativo (<u>D</u>isk <u>O</u>perating <u>S</u>ystem) **....** En términos algo crípticos, significa lo que dice. Es el programa que permite que la computadora envíe y grabe información en un disco o que lea información grabada en el disco y la lleve a la memoria de la computadora. Funciona en discos duros, disquetes o CD ROM. Hay que grabar el CD ROM de modo que DOS pueda comprenderlo.

Windows 95, 98, NT, 2000, etcétera .... Son los nombres de programas (los números o las letras que siguen a la palabra "Windows" sólo indican qué versión es) que controlan cómo y cuándo funcionan los otros programas. Estos programas hacen que la computadora pueda tener varios programas funcionando al mismo tiempo. *Windows* es el nombre que le dio su fabricante, Microsoft. Windows permite abrir "ventanas" para ver qué está pasando en uno o más programas que pueden estar abiertos en ese momento.

Procesador de textos (Word Processing)**...** El nombre que se da a programas que aceptan instrucciones de dispositivos de entrada (teclados o micrófonos) y las graba o despliega como caracteres, números o dibujos. Entonces, éstos pueden convertirse en cartas, folletos, pósteres u otras cosas. Los procesadores de textos son los programas más fáciles de utilizar. Producen resultados parecidos a los que se conseguirían con una máquina de escribir. Algunos nombres de estos programas son: **Microsoft Write, Microsoft Works, Microsoft Word, Microsoft Word Pad, Word Perfect** y **Claris Works.**

Hoja de cálculo (Spreadsheet) **...** Nombre que se da a programas que crean visualizaciones similares a las hojas de cálculo que usan los contables y que se utilizaba para diferentes tipos de análisis financieros.

Base de datos (Data base)**...** Muy similar a la hoja de cálculo, excepto que usualmente sólo guarda una línea (la línea de una hoja de cálculo) en la memoria en un momento dado. Las bases de datos suelen tener demasiados registros para permitirlo.

Algunas órdenes para la computadora que utilizaremos durante todo este curso.

Guardar como.... (Save<u>A</u>s....) Dar nombre al documento (cuando usted pide un nuevo documento al programa, le da un nombre general, como DOCUMENT1.DOC). Para asegurarse de que no guarda otra información en el mismo lugar de su disco, debe dar un nombre especial al nuevo documento. La "orden" (una especificación que usted da a la computadora para que haga lo que usted quiere), también le da la posibilidad de decirle dónde guardarlo y cualquier otra cosa que quiera hacer.

Guardar.... (<u>S</u>ave ...) Enviar información a un lugar de almacenaje permanente.... disquete, disco duro o disco óptico. Ya debe haberle dicho cómo y dónde guardar, con el comando **Guardar como (SaveAs)**.

Abrir.... (Open…) Encuentra y despliega información disponible que está en almacenada en un dispositivo.... Disquete, disco duro, disco óptico o CD-ROM.

Cerrar ... (Close ...) Dejar de usar un documento o archivo.... Sacarlo de la pantalla.

Términos especiales de computación que utilizaremos muy a menudo

Memoria.... (Memory…) Un área dentro del equipo físico de la computadora con capacidad para almacenar información que la computadora puede usar, en tanto el programa necesario esté en marcha y la computadora prendida.

Archivo.... (File …) Un grupo de registros relacionados (la información sobre un tema específico, por ejemplo, una lista de distribución).

Registro... (Record ....) Una colección de información sobre un tema en especial.

Primero debemos aprender dónde están las teclas en el teclado.

El diseño de teclado más popular de hoy en día lo creó *Digital Equipment Company*, en Maynard, Massachusetts. Puede que haya oído hablar del teclado VT 101, pero no lo creo. Este diseño ha cambiado poco durante los últimos 30 años. Tiene una línea de "teclado de función" en la parte superior, un "teclado numérico" en el lado derecho y una variedad de teclas con diferentes usos entre el teclado numérico y el teclado de letras, que se parece mucho a los teclados de las máquinas de escribir. Muchas de las teclas que tendrá que utilizar en las siguientes lecciones se encuentran en la imagen que sigue, enmarcadas en cuadros de texto.

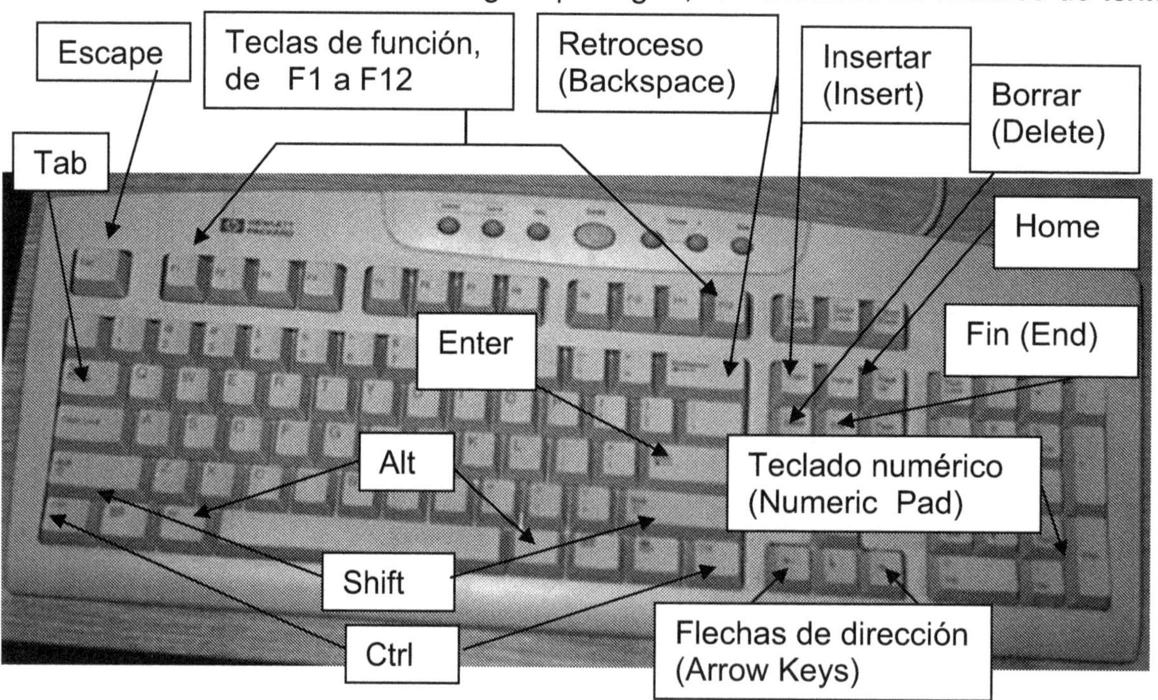

Ahora algunas convenciones

Para que el programa de la computadora entienda que le está dando una orden, no introduciendo información, debe mantener uno o dos teclas presionadas y presionar una tecla más o poner la flecha del puntero del ratón y presionar el botón de ratón. Abreviaremos el nombre de cada tecla y separaremos los nombres con una barra en diagonal (/) o le diremos dónde apuntar y presionar (clic) con el botón izquierdo del ratón.

<u>Ejemplos de órdenes con el teclado:</u>

Alt/ significa *mantener presionada* la tecla **Alt.** Una **F** sin una barra diagonal al lado, significa presionar un momento la letra **F.** Por ejemplo: **Alt/F.**

Ctrl/Shift/ significa mantener presionadas las teclas **Ctrl.** y **Shift** a la vez. Una letra como la **F,** sin una barra diagonal al lado, significa presionar un momento la **F.** Por ejemplo: **Ctrl/Shift/F.**

Las órdenes con teclas se dan manteniendo presionadas las primeras teclas y presionando un momento la última. <u>Sólo mantenga presionadas las teclas que a continuación tengan una barra diagonal</u>. La computadora está configurada para repetir casi todas las teclas, excepto unas teclas especiales, que son: **<u>Shift, Ctrl</u>** y **<u>Alt</u>.**

<u>Usar el ratón para dar órdenes:</u>

Hacer clic en **<u>F</u>ile (Archivo)** significa poner el puntero del ratón en la palabra **<u>F</u>ile (Archivo)** y entonces presionar el botón izquierdo del ratón mientras se está presionando en la tecla **<u>F</u>ile (Archivo).**

Poner en marcha la computadora por primera vez.

Para los que no lo hayan hecho nunca, puede ser algo que asusta. ¿Qué hay que hacer para no embrollarse? ¿Cómo se pone en marcha, dónde está el interruptor o qué pasa cuando ya la he puesto en marcha? Pues…, no mucho. La máquina se pone en marcha, usted oye el ruido de un ventilador funcionando y ve como empieza a aparecer algo en la pantalla de la computadora (si también tiene el monitor en marcha o si tiene el monitor configurado para que se ponga en marcha al mismo tiempo que la computadora).

Así que ya podemos empezar, asumiendo que el sistema operativo de su computadora sea Windows 95, 98, NT, 2000 o XP. Acuérdese que anteriormente le habíamos dicho que una computadora no puede funcionar a menos que tenga algún tipo de sistema operativo instalado. Pero…, el sistema operativo sólo configura la computadora para que podamos utilizar lo que llamamos "aplicaciones para programas", que es lo que le ayuda a usted (el usuario) a hacer que la computadora haga lo que usted le pide. El sistema operativo conecta la aplicación del programa a todas las partes de la computadora necesarias para que haga las tareas que usted quiere que haga.

Prenda la computadora …

Busque a su alrededor hasta que encuentre el interruptor. En las computadoras más modernas hay un botón en la parte frontal, que hay que presionar para que se ponga en marcha. Si no tiene el monitor configurado para que se ponga en marcha al mismo tiempo que la computadora, tendrá que ponerlo en marcha. El interruptor del monitor normalmente está en la parte frontal, aunque algunas de las computadoras y de los monitores más viejos tienen los interruptores en el lado o en la parte de atrás. Así que si no encuentra el interruptor en la parte frontal, búsquelo en el lado o en la parte de atrás.

La computadora y el monitor tardan un poco en ponerse en marcha y normalmente se prende antes el monitor. Probablemente, lo más difícil de entender es que cuando ya ha prendido el interruptor la computadora está un buen rato poniéndose a punto para aceptar su próxima orden. Así que…, tendrá que aprender a esperar.

Logotipo del fabricante	Logotipo de Windows 98	Escritorio a punto para utilizarlo

Si mira la pantalla del monitor, que antes se llamaba "escritorio", en ella hay muchas imágenes pequeñas, repartidas por toda la pantalla, con un nombre debajo de cada una (a los fanáticos de las computadoras les gusta llamarlas "iconos"). Sabrá que todo está a punto para empezar cuando el puntero del ratón (que normalmente es una flecha, pero tiene un reloj de arena al lado, que se puede ver cuando la computadora todavía no está lista para aceptar nuevas órdenes) deja de tener el reloj de arena. A veces, en Windows 95, el puntero del ratón se convierte en un reloj de arena, cuando la computadora no está a punto para recibir órdenes. Sólo tiene que esperar hasta que el sistema esté a punto para que usted lo utilice.

Abra el procesador de textos … Word 97, 2000, 2001, 2002 o Works.

	Teclado (Keyboard)	**Ratón** (Mouse)
1.	Mantenga presionado **Ctrl/Esc** presione	Haga clic en **Inicio** (Start)
2.	Presione **P**	Apunte a programas
3.	Presione las teclas de dirección (a los lados, arriba y abajo) hasta que Microsoft Word quede resaltado en azul	Mueva el puntero del ratón alrededor, hasta que Microsoft Word quede resaltado en azul
4.	Presione **Enter↵**	Haga clic en el botón izquierdo del ratón

Cuando Word se abre por primera vez, no cubre toda la pantalla

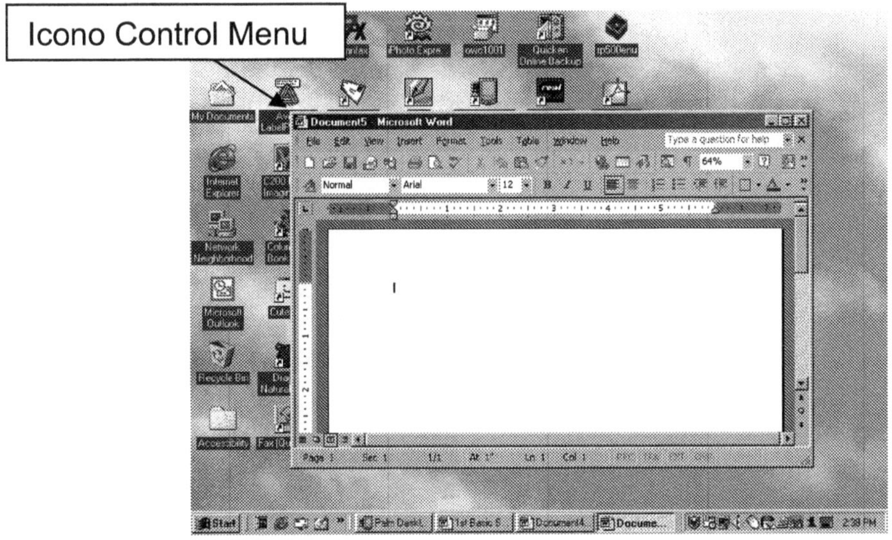

Este es el aspecto que tiene la pantalla o "ventana" de su Microsoft Word®. Notará que cuando empieza tiene una o dos "ventanas" en el monitor. Antes de empezar a trabajar con este procesador de textos, debemos hacer que la computadora agrande la "ventana de Word" para que podamos ver más fácilmente qué estamos haciendo. Funcionaría igual de bien si lo dejamos así de pequeño, pero creo que es más fácil cuando las letras y las imágenes son más grandes.

Para agrandar la ventana de Word …

	Teclado (Keyboard)	**Ratón** (Mouse)
1.	**Alt/Space**	Haga clic en el icono **Control Menu**
2.	**X**	Haga clic en **Maximizar** (Maximize)

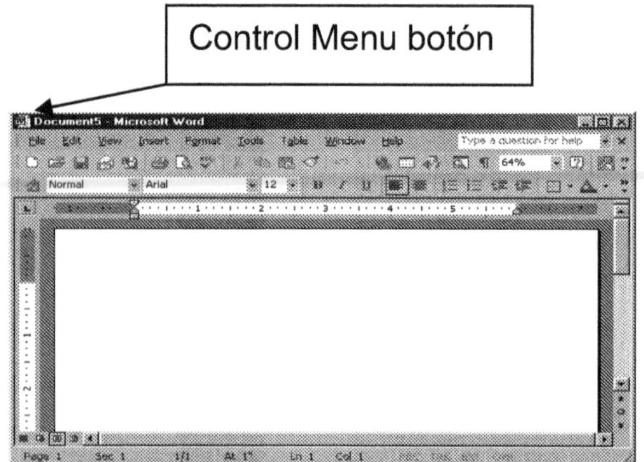

Al principio vemos en lo que vamos a trabajar cuando queramos escribir una carta, un memorando o una nota. Decir confusión no basta para describir lo que sentimos. Es más parecido a pánico. Parece que hay muy poco espacio para escribir y que este espacio está rodeado de todo tipo de reglas, piezas rectangulares y áreas aún más raras, con una serie de imágenes que no parece que tengan ningún sentido. Intentaremos explicar algunas de ellas ahora y seguiremos comentando otras a medida que las vayamos usando.

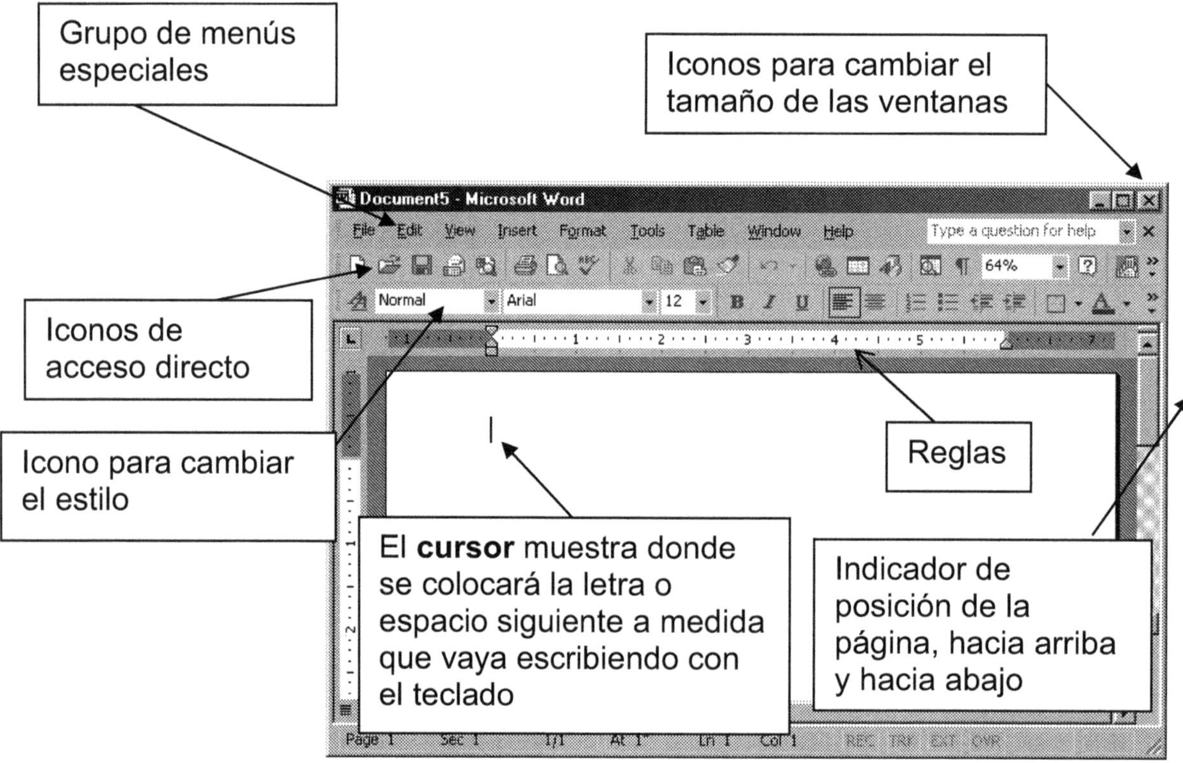

Ventana de Word, con un documento nuevo

Puesto que Microsoft Word® es un programa de procesamiento de textos, cuando empieza a escribir, las letras que usted presiona en el teclado aparecerán en la pantalla. La línea vertical (cursor) sirve para mostrarle dónde colocará la próxima letra.

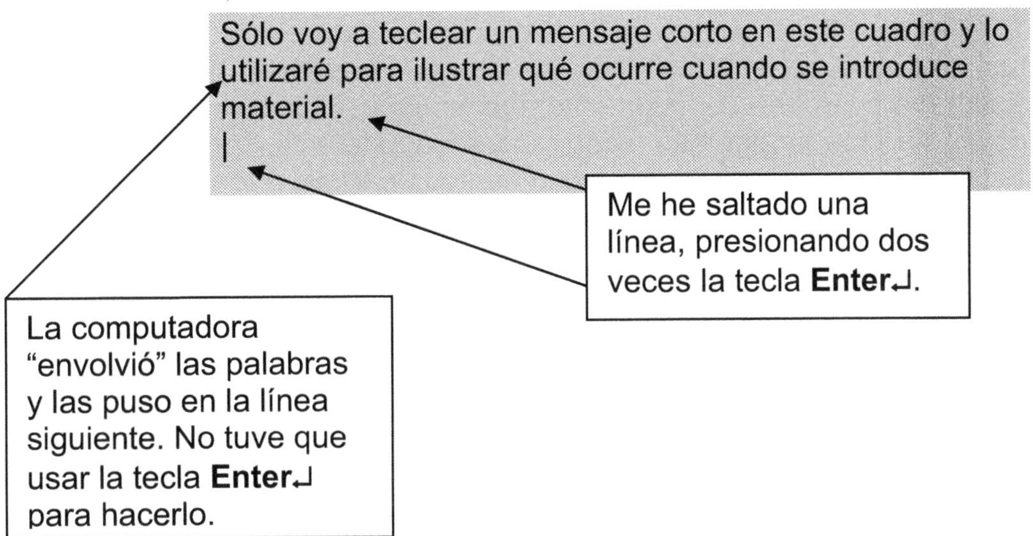

No siempre mecanografío perfectamente, pero no tengo que preocuparme, porque la computadora puede corregir los errores fácilmente. Así es como funciona:

Mueva el **cursor** hacia donde está el error… utilizando las teclas de dirección o ponga el puntero del ratón en la letra que está mal y haga clic … Si no le sale bien, utilice las teclas de dirección. Sólo tiene que darle a la tecla de **Retroceso** (**Backspace**) si está a la derecha del error o a **Suprimir** (**Delete**) si está a la izquierda del error. Sólo tiene que teclear la letra correcta. El programa está configurado para **insertar** letras nuevas.

No siempre mecanografío perfectaamente, pero no tengo que preocuparme, porque la computadora puede corregir los errores fácilmeente.

Ponga el puntero del ratón en la palabra errónea, **haga clic con el botón de la derecha** y haga clic en la palabra correcta. A veces la computadora no puede encontrar la palabra exacta; en ese caso debe hacerlo usted, moviendo el **cursor**, borrando y volviendo a teclear.

En cuanto haya terminado su mensaje, puede guardarlo para volver a verlo después, borrarlo y eliminarlo, o puede imprimirlo y luego guardarlo o eliminarlo. Si trata de "**Guardar**" un documento que tiene un nombre genérico, como "**Document2**", el programa no se lo dejará hacer, porque va a usarlo alguna otra vez, con lo cual cuando la computadora pusiera el documento más reciente encima del más antiguo, usted perdería el documento más antiguo. El programa lo pondría en un lugar de su elección (puede que usted no sepa dónde está, con lo que tendría problemas para encontrarlo). Los documentos de Word normalmente se guardan en un archivo llamado "Mis documentos" (**My documents**), pero no siempre.

Nombre el documento y guárdelo para verlo posteriormente.

El programa de procesamiento de textos pone un cuadro de diálogo en la pantalla (un cuadro en el cual hay preguntas que usted debe responder antes de poder "**Guardar**" el documento).

Teclado (Keyboard)	**Ratón** (Mouse)
1.	**Tecla de función F12**	Haga clic en el menú **Archivo** (File)
2.		Haga clic en **Guardar como** (SaveAs…)

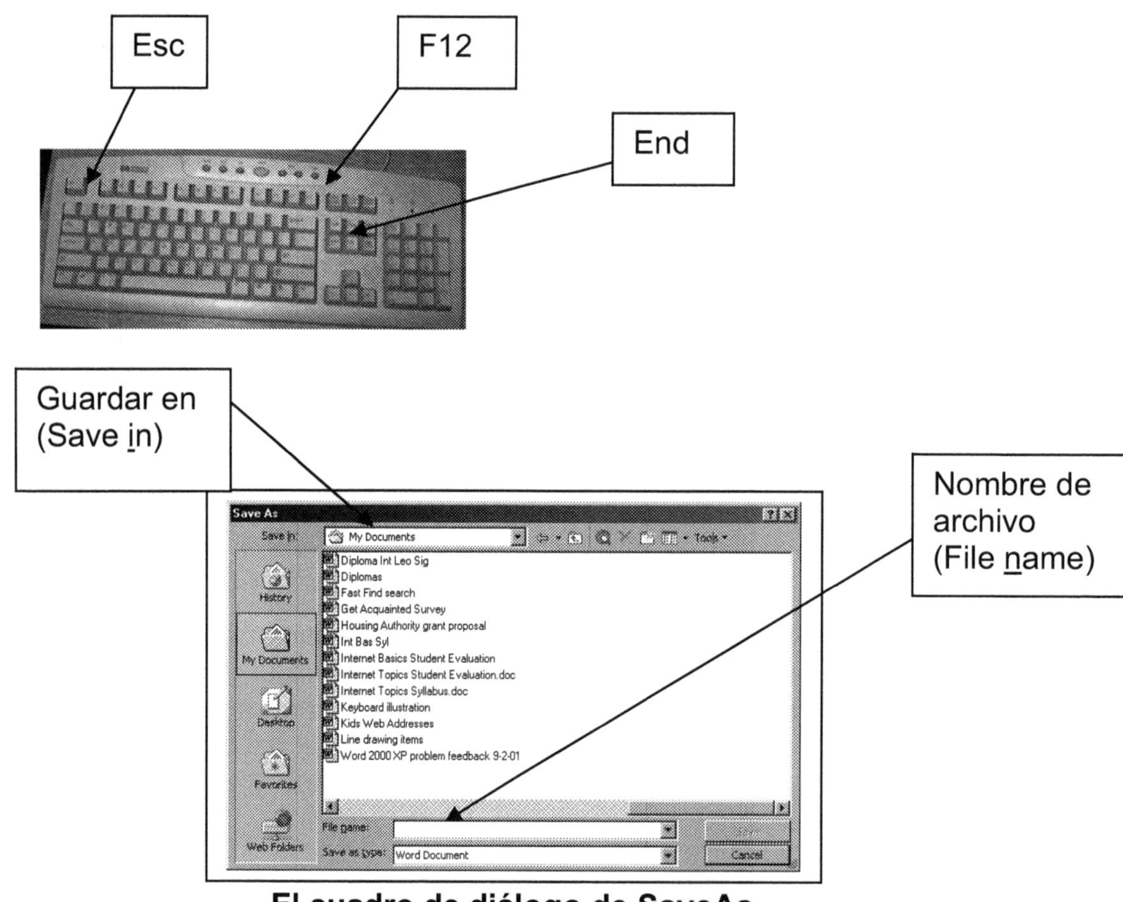

El cuadro de diálogo de SaveAs

Usted tiene que decirle a la computadora dónde quiere guardarlo … en este caso, la computadora ya ha escogido un lugar (carpeta) que se llama **Mis documentos**. El cursor parpadea intermitentemente en el cuadro de abajo, que se llama **"Nombre del archivo"**. Todo lo que tiene que hacer es escribir el nombre que quiere ponerle al documento, así que puede ir a **Mis documentos** y presionar **Enter↵** o hacer clic en **Guardar**.

En cuanto haya guardado su documento, puede cerrarlo.

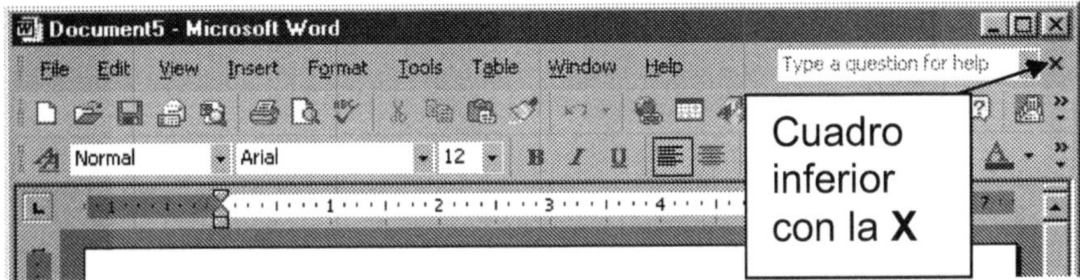

Teclado (Keyboard)	Ratón (Mouse)
1. **Ctrl/W**	Haga clic en el cuadro inferior con la **"X"**

Si ya le ha dado un nombre al documento, habrá hecho algunos cambios y deberá guardarlo otra vez …

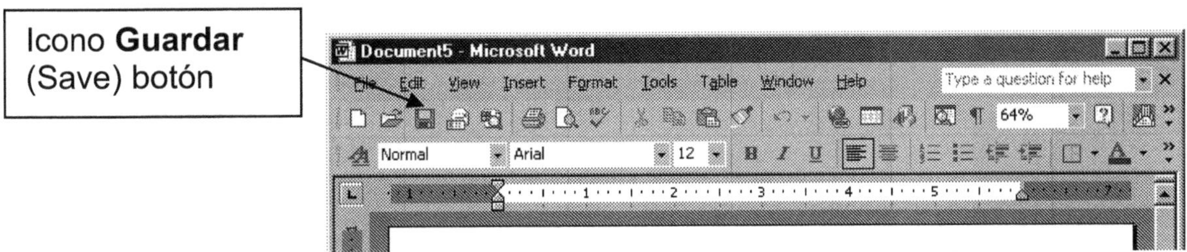

Teclado (Keyboard)	Ratón (Mouse)
1. **Ctrl/S**	Haga clic en el Icono **Guardar** (SaveAs...)

Cuando haya cerrado un documento y quiera abrir uno nuevo …

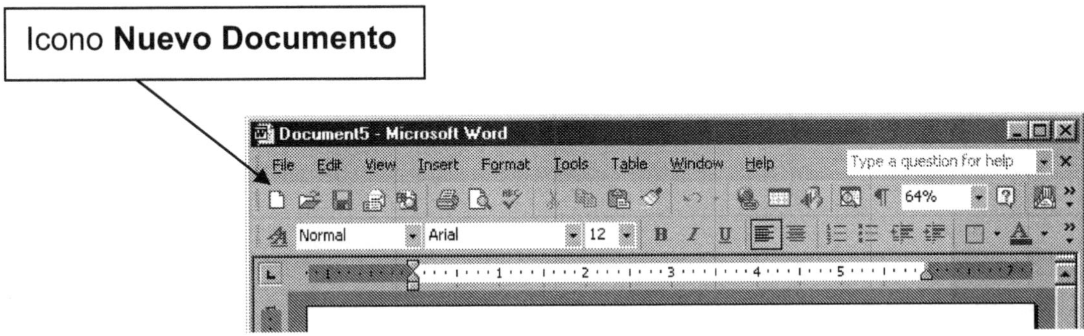

Teclado (Keyboard)	Ratón (Mouse)
1. **Ctrl/N**	Haga clic en **Nuevo Documento**

Puede volver a abrir un documento antiguo …

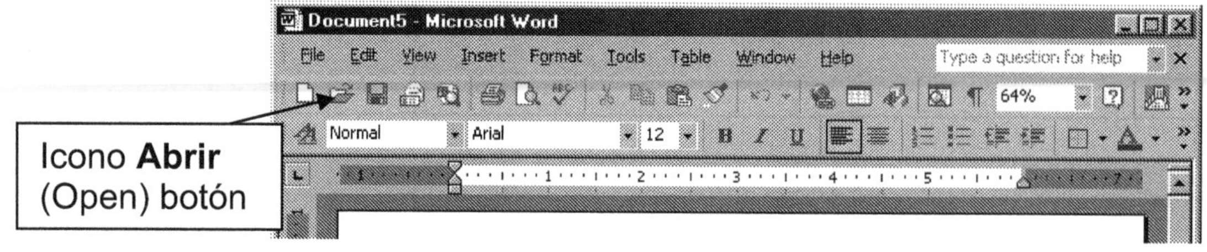

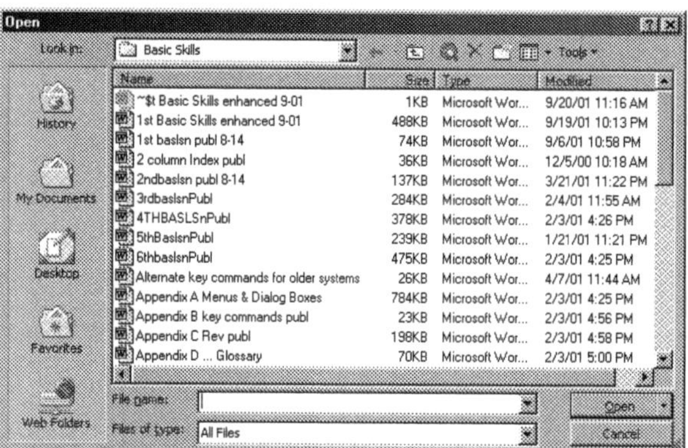

Cuadro de diálogo "Abrir" (Open)

	Teclado (Keyboard)	**Ratón** (Mouse)
1.	**Ctrl/O**	Haga clic en el icono **Abrir**
2.	**Shift/Tab**	Haga doble clic en el **Nombre del documento**
3.	**Lleve las teclas de dirección** hasta el **Nombre del documento**	
4.	**Enter↵**	

Acabamos de recuperar un documento antiguo en el que queremos añadir algo

El cursor está al principio del documento

¡Este es mi primer ejercicio en la computadora. Estoy aprendiendo a utilizar el programa de procesamiento de textos, que está mostrando estas palabras en la pantalla. Le he dado mi nombre a este documento, para que pueda encontrarlo cuando quiera volver a trabajar en él.

Queremos añadir algo nuevo a este documento, así que tenemos que mover el cursor hasta el final del documento

Haga clic aquí para ir al final del documento

Teclado (Keyboard)	**Ratón** (Mouse)
1. **Ctrl / End** ... Busque en la página 10 para encontrar estas teclas, si las ha olvidado	Haga clic en algún lugar debajo del final de la última línea que ve en la pantalla
2. Si quiere alargar al párrafo, sólo tiene que escribir las palabras nuevas. Si quiere escribir otro párrafo, presione **Enter⏎** dos veces y empiece a escribir.	Si quiere alargar al párrafo, sólo tiene que escribir las palabras nuevas. Si quiere escribir otro párrafo, presione **Enter⏎** dos veces y empiece a escribir.

Cómo resaltar las palabras o letras. Hay tres maneras de hacer que una palabra o una letra destaquen por encima de las que haya alrededor. Dé la orden antes de teclear y vuelva a dar la orden, para apagar, cuando haya terminado de teclear.

1.   Hacerla más oscura (negrita) que las otras palabras.
2.   Ponerla en cursiva, para que se vea diferente a las otras palabras.
3.   Subrayarla, para que destaque más.

Teclado (Keyboard)	**Ratón** (Mouse)
1. **Ctrl/B... Negrita** (Bold)	Haga clic en el icono "**B**" ... **negrita**
Ctrl/B para dejar de hacer **negrita**	Haga clic en el icono "**B**" ... dejar de hacer **negrita**
2. **Ctrl/I ... Cursiva** (Italicize)	Haga clic en el icono "**I**" ... *cursiva*
Ctrl/I dejar de hacer **cursiva**	Haga clic en el icono "**I**" ... dejar de hacer *cursiva*
3. **Ctrl/U ... Subrayar** (Underline)	Haga clic en el icono "**U**" ... <u>**subrayar**</u>
Ctrl/U ... Dejar de **subrayar**	Haga clic en el icono "**U**" ... dejar de <u>**subrayar**</u>

A veces es más fácil trabajar con el documento cuando las letras son grandes y hay menos material extra alrededor del texto que puede confundirle.

Utilice Ver Normal ...

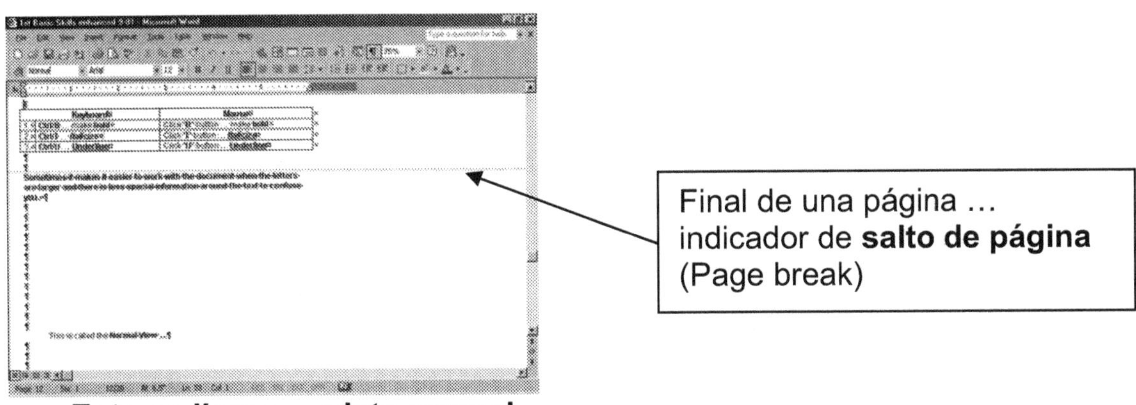

Final de una página ...
indicador de **salto de página**
(Page break)

Esto se llama ... vista normal

Si utiliza la vista "Diseño de impresión", verá que el documento tiene el mismo aspecto que tendrá cuando lo imprima. A veces, aunque las letras sean más pequeñas y difíciles de ver, es más fácil de entender el <u>diseño de impresión,</u> porque no debe imaginar cómo será la página cuando la imprima. A menos que le digamos que utilice la "Vista normal", todo lo que hagamos en este libro será con el "Diseño de impresión".

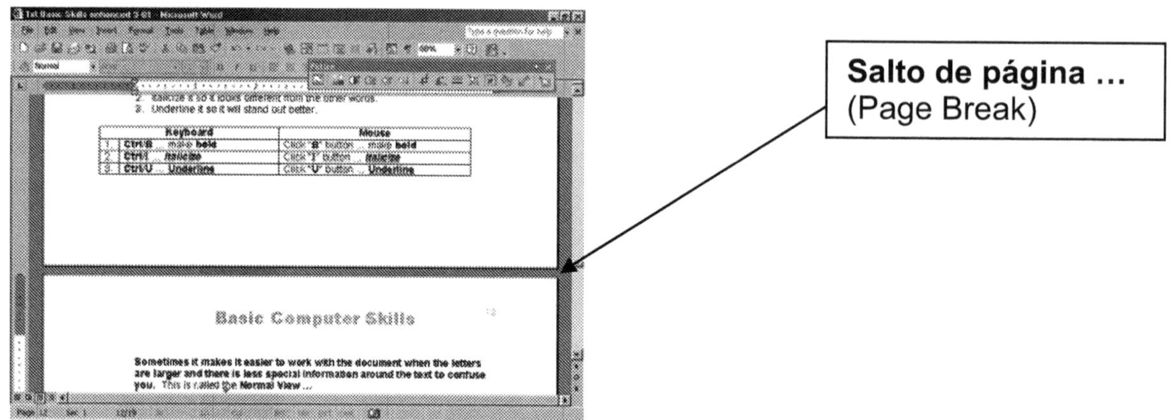

Salto de página ...
(Page Break)

Esto se llama ... diseño de impresión

Empecemos a utilizar nuestras computadoras

Incluso si está muy acostumbrado a utilizar el ratón, he descubierto que a los estudiantes les va mucho mejor si empiezan utilizando el teclado para dar órdenes, al menos las dos primeras lecciones. Empiece tratando de usar el **teclado**.

Prenda la computadora y abra el programa de procesamiento de textos "Word".

	Teclado (Keyboard)	**Ratón** (Mouse)
1.	Prenda la computadora ... el interruptor suele estar enfrente. Cuando apriete el botón, debe prenderse una luz verde, tanto en la computadora como en el teclado	Prenda la computadora ... el interruptor suele estar enfrente. Cuando apriete el botón, debe prenderse una luz verde, tanto en la computadora como en el teclado

Microsoft Windows es lo que se conoce como **sistema operativo**. Ayuda a los programas de aplicación a llevar a cabo tareas, como llevar material de los discos a la memoria y de la memoria de nuevo a los discos. Por esto los sistemas operativos originales se llamaban **DOS** (**D**isk **O**perating **S**ystem), ya que la mayoría de las tareas que llevaban a cabo tenían relación con la memoria donde se almacenaba la información temporalmente y trabajaban con los discos donde se almacenaba de forma permanente la información.

Abra su programa de procesamiento de textos … Microsoft Word, Works, etc. En cuanto abre su programa de procesamiento de textos (Microsoft Word), el resto de las órdenes las dará a Microsoft Word. <u>Windows 95, 98 o 2000 es el programa que usted eligió para seleccionar el programa de aplicación.</u>

	Teclado (Keyboard)	**Ratón** (Mouse)
1.1.	**Ctrl/Esc**	Haga clic en **Inicio**
2.2.	Presione **P**	Ponga el puntero en **Programas**
3.3.	Mueva el "**Resalte**" azul hasta el nombre de su programa de procesamiento de textos	Ponga el puntero del ratón en el nombre de su programa de procesamiento de textos
4.4.	**Enter⏎**	Haga clic en el nombre del programa

Hagamos un lugar para guarder nuestro trabajo de prática

Icono abrir (Open)

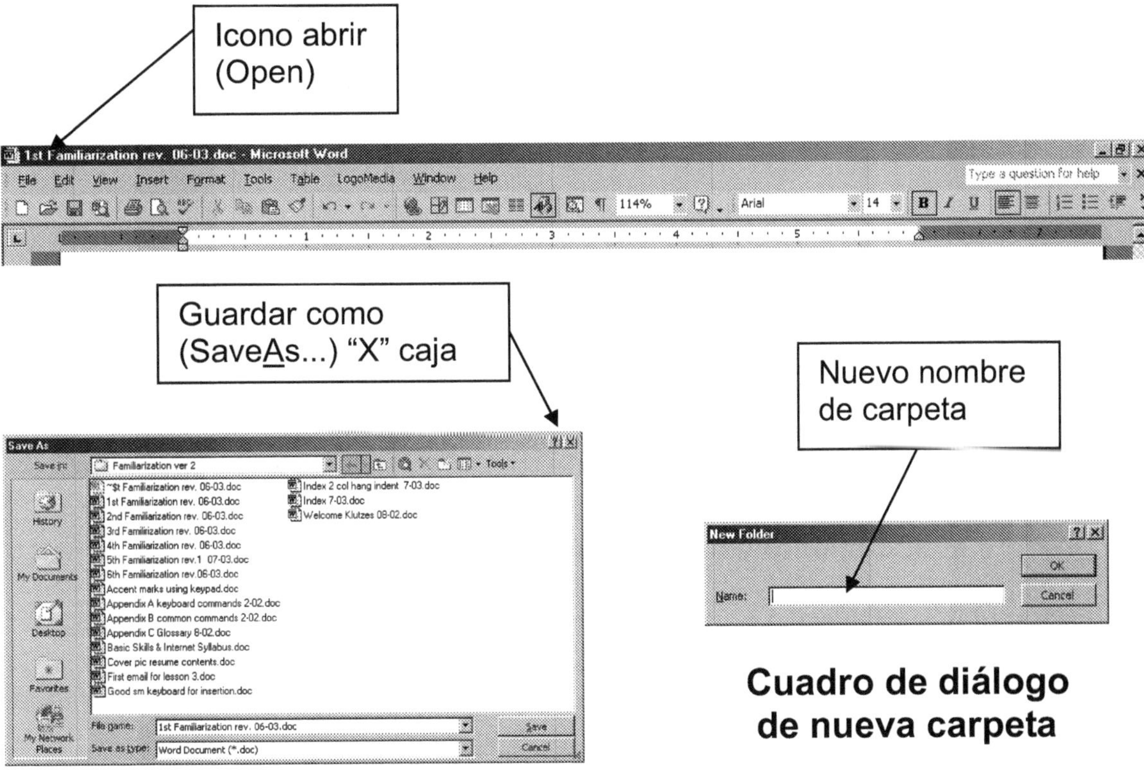

Guardar como (Save**A**s...) "X" caja

Nuevo nombre de carpeta

Cuadro de diálogo de nueva carpeta

Guardar como (SaveA**s...) cuadro de diálogo**

	Keyboard	Mouse
1.	**F12**	Haga clic el **File** carta
2.		Haga clic **SaveAs...**
3.	**Alt/5**	Haga clic el botón de nueva **carpeta** 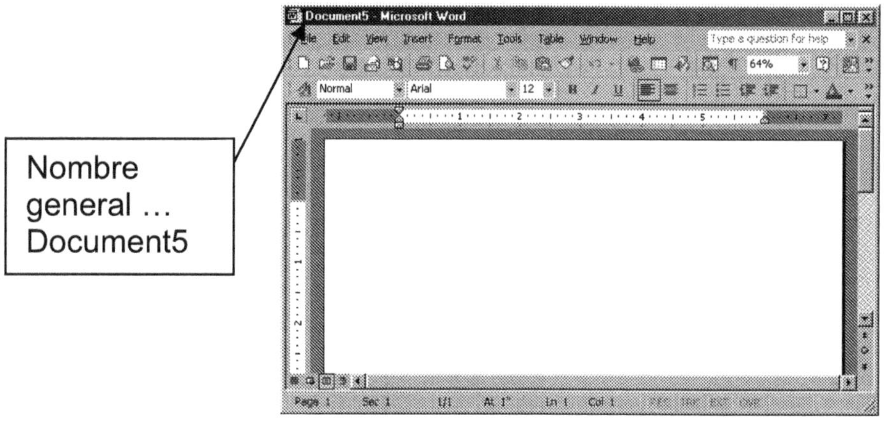
4.	**Enter⏎**	
5.	Escribe su **nombre** y **apellido** y el palabra "lecciones"	Escribe su **nombre** y **apellido** y el palabra "lecciones"
8.	**Enter⏎**	Haga clic **OK**
9.	**Esc**	Haga clic en **Guardar en**, en la caja "X"

Empezar un nuevo documento con Microsoft Word

Cuando abre por primera vez Word, inmediatamente le muestra una pantalla/ventana para un documento nuevo. A partir de entonces y durante estas lecciones, cada vez que quiera abrir un documento nuevo tendrá que decirle a la computadora que abra una nueva página.

Nombre general … Document5

**Éste es un Nuevo Documento,
listo para que usted introduzca información**

Dé un nombre al documento y diga dónde debe guardarse … (SaveAs…)

En la línea azul que está en la parte de arriba de su pantalla debe poner "Document1 (o 2,3, etc) Microsoft Word. Debe darle el nombre que quiera que tenga y decirle a la computadora dónde quiere guardarlo. Esto se hace mediante la orden **"Guardar como"** (SaveAs...)

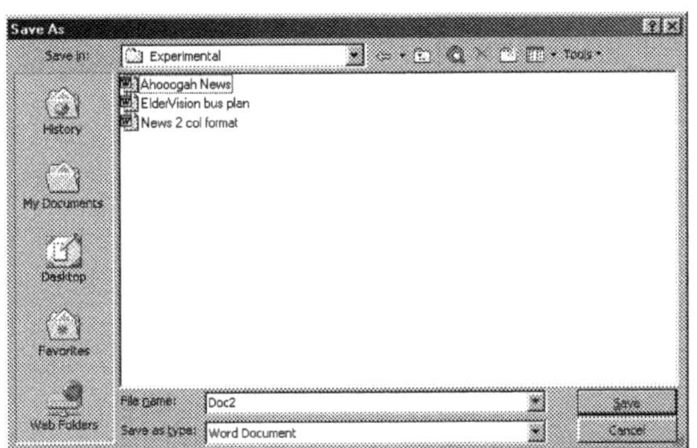

**Cuadro de diálogo guardar como "SaveAs …"
lista para introducir información**

	Teclado (Keyboard)	Ratón (Mouse)
1.	**Tecla de función F12** vea pág. 4	Haga clic en **Archivo** (File)
2.		Haga clic en **Guardar como....**
3.	Si Guardar como… indica su nombre y apellido, pase por alto 7 al paso	Si Guardar como… indica su nombre y apellido, pase por alto 8 al paso
4.	**Shift/Tab**	Haga doble clic su **nombre y apellido**
5.	Flecha que baja a su **nombre y apellido**	
6.	Presione **Enter⏎**	
7.	**Alt/N**	
8.	Escriba su **nombre**	Escriba su **nombre**
9.	**Alt/S**	Haga clic **Guardar**

Si ha seguido cada paso correctamente, se prenderá una luz verde cerca de su disquetera y aparecerá su nombre en la parte superior de la pantalla, a lado de las palabras "Microsoft Word". Este es el nombre que "Word" usará para encontrar su documento.

Escriba las palabras que están resaltadas en gris a continuación ....

No se moleste en tratar de que su pantalla tenga el mismo aspecto que el área resaltada. Deje que la computadora decida cuando debe terminar una línea. Lo hace muy fácilmente. Es sólo una de las cosas sencillas que la computadora puede hacer para que su trabajo sea más simple.

Este es mi primer ejercicio en la computadora. Estoy aprendiendo a utilizar el programa de procesamiento de textos, que está mostrando estas palabras en la pantalla. Le he dado mi nombre a este documento, para que pueda encontrarlo cuando quiera volver a trabajar en él.

Guarde su documento y sáquelo de la pantalla

Le pido que haga esto para guardar por separado cada ejercicio. Utilizaremos estos ejercicios más adelante en la lección, para llevar a cabo tareas especiales.

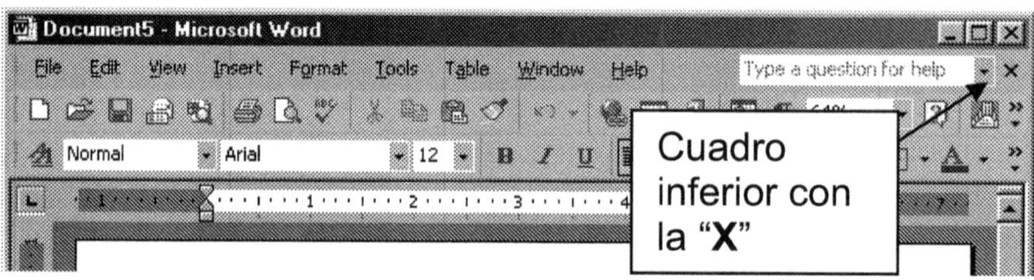

Teclado (Keyboard)		Ratón (Mouse)
1.	**Ctrl/S**	Haga clic en el icono **Guardar** (parece un disquete)
2.	**Ctrl/W**	Haga clic en el cuadro "X" de la esquina superior derecha de su pantalla

Si ha llevado a cabo cada paso correctamente, su pantalla se volverá gris. Si no, verá un nombre como Document1.DOC en la parte superior de su pantalla. Si ocurre esto es porque usted abrió más de un documento nuevo. Debe borrar este documento o documentos adicionales siguiendo los pasos 1 y 2 anteriores, hasta que la pantalla se vuelva gris.

Abra un documento desde su carpeta

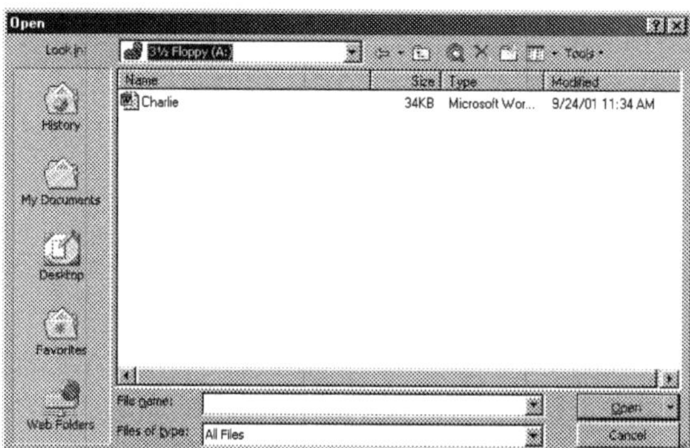

Cuadro de diálogo de Abrir Archivo (Open File)

Teclado (Keyboard)		Ratón (Mouse)
1.	**Ctrl/O**	Hacer clic en el icono **Abrir** (parece una carpeta)
2.	Si **"Buscar en"** ya muestra su	Si **"Buscar en"** ya muestra su **nombre** y

Teclado (Keyboard)		Ratón (Mouse)	
	nombre y **apellido**, vaya al paso 7.	**apellido,** vaya al paso 7.	

	Teclado (Keyboard)	Ratón (Mouse)
3.	**Shift/Tab**	Haga clic la carpeta con su **nombre** y **apellido** dos veces
4.	Con la flecha de dirección, mueva lo "**Resaltado**" en azul hasta la carpeta con su **nombre** y **apellido**	
5.	**Enter⏎**	
7.	**Shift/Tab**	Haga clic en su **nombre** 2 veces
8.	Con la flecha de dirección, mueva lo "Resaltado" en azul hasta su **nombre**	
9.	**Enter⏎**	

Haga algunos cambios en su documento.

Ponga el cursor "|" parpadeante al final del párrafo
1. **Ctrl/End**
2. Presione **Enter** dos veces para saltarse una línea

Este es mi primer ejercicio en la computadora. Estoy aprendiendo a utilizar el programa de procesamiento de textos, que está mostrando estas palabras en la pantalla. Le he trabajar en él.

Esta es una oración que he añadido a mi documento original.

Teclee esta línea nueva

Guarde su documento y sáquelo de la pantalla.

	Teclado (Keyboard)	Ratón (Mouse)
1.	**Ctrl/S**	Haga clic en el icono **Guardar** (parece un disquete)
2.	**Ctrl/W**	Haga clic en la "X" en la esquina superior a la derecha de su monitor (la línea inferior).

Si ha llevado a cabo cada paso correctamente, su pantalla se volverá gris.

Abra otro nuevo documento.

Teclado (Keyboard)	Ratón (Mouse)
1. **Ctrl/N**	Haga clic en el icono **Documento Nuevo**

Dé un nombre al documento y diga dónde quiere guardarlo …
(SaveAs…)

	Teclado (Keyboard)	Ratón (Mouse)
1.	**Tecla de función F12**	Haga clic en **Archivo**
2.		Haga clic en **Guardar como....**
3.	Escriba su **apellido** (Last Name)	Escriba su **apellido** (Last Name)
4.	Si **"Buscar en"** ya muestra su **nombre** y **apellido,** vaya al paso 7.	Si **"Buscar en"** ya muestra su **nombre** y **apellido,** vaya al paso 6.
5.	**Shift/Tab**	Haga clic en su **nombre** y **apellido** dos veces
6.	Con la flecha de dirección, mueva lo "Resaltado" en azul hasta su **nombre**	Haga clic en su **nombre** dos veces
7.	Presione **Enter↵**	

Teclee una nota breve a sus maestros y deles su opinión sobre el curso.

Cuando haya terminado la nota, guárdela, sáquela de la pantalla, apague su computadora y saque su disquete de la disquetera.

Guarde su documento y sáquelo de la pantalla.

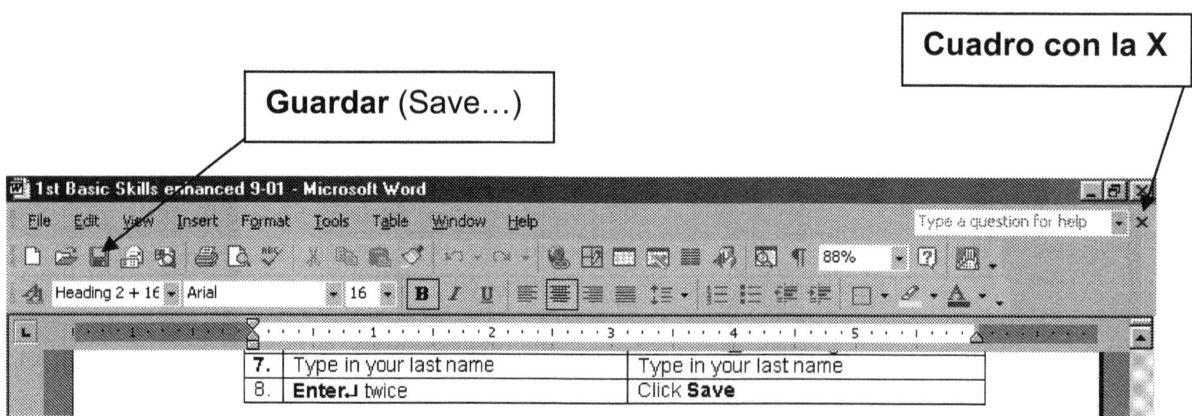

Teclado (Keyboard)	**Ratón** (Mouse)
1. **Ctrl/S**	Haga clic en el icono **Guardar** (Save) (parece un disquete)
2. **Ctrl/W**	Haga clic en la "X" de la esquina a la derecha de su monitor (la línea inferior).

Si ha llevado a cabo cada paso correctamente, su pantalla se volverá **gris**.

Ha llegado la hora de apagar la computadora, se ha terminado la lección …

Apague el programa.

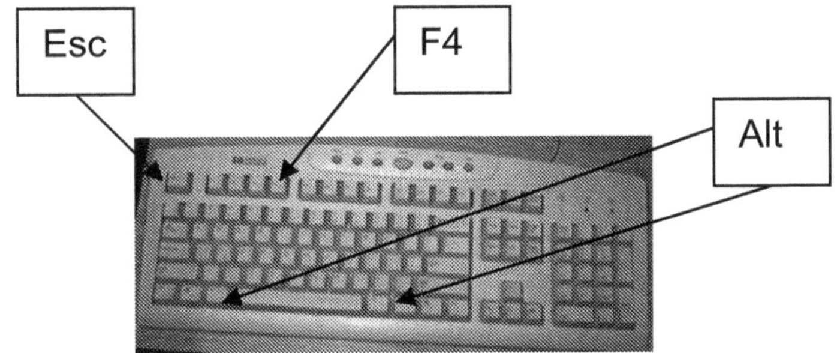

Teclado (Keyboard)	**Ratón** (Mouse)
1. **Alt/F4**	Haga clic en el cuadro con la **"X"** de arriba a la derecha

Apague la computadora

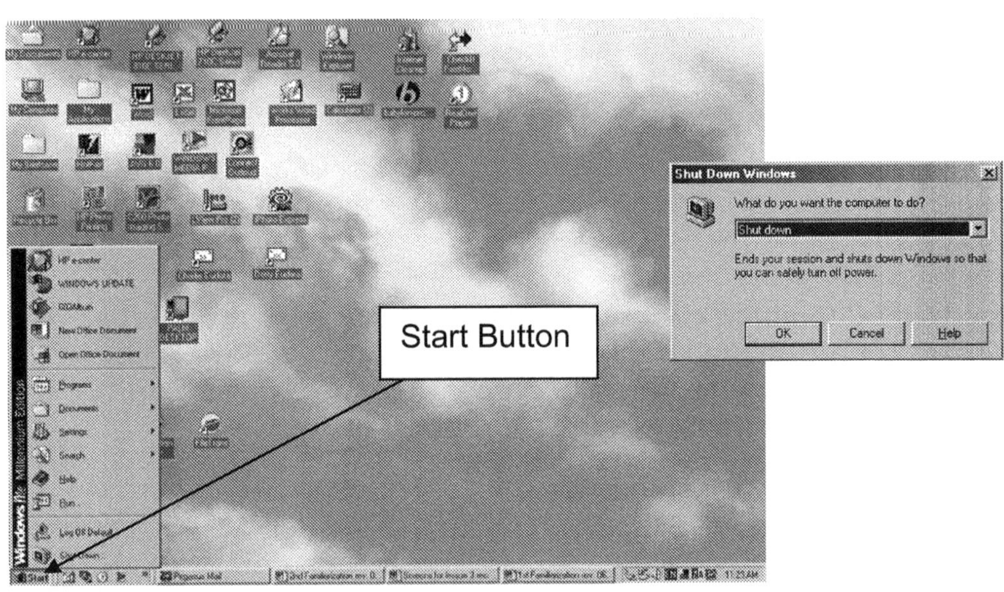

Teclado (Keyboard)	Ratón (Mouse)
1. **Ctrl /Esc**	Haga clic en **Inicio** (Start)
2. **U**	Haga clic en **Apagar** (Shut down)
3. **Enter↵**	Haga clic en **OK**

Nota: En el Apéndice C también encontrará las instrucciones: prender la computadora, abrir un programa, abrir un nuevo documento, abrir un documento de sus archivos, guardar un documento como, guardar un documento (en un archivo) y cerrar la computadora.

Crear, Modificar, Guardar y Volver a Guardar

Lección 2

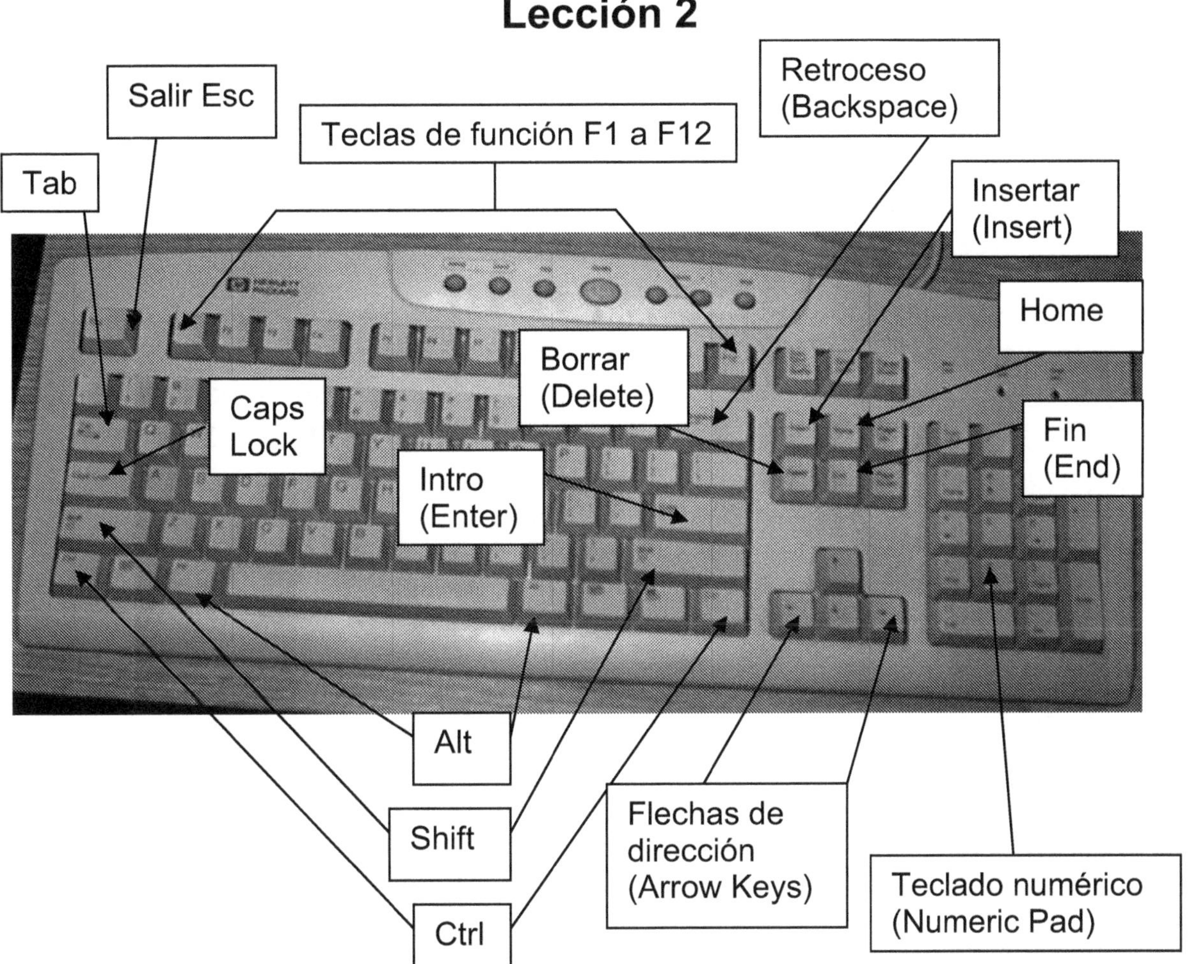

Repasemos las convenciones

Para que el programa de la computadora comprenda que le está dando una orden y no introduciendo información, debe mantener presionadas una o dos teclas y presionar una tecla adicional o colocar la flecha del puntero del ratón y presionar el botón de ratón. Abreviaremos el nombre de cada tecla y las separaremos con un barra diagonal (/) o le diremos dónde debe apuntar <u>y presionar</u> (clic) con el botón izquierdo del ratón.

<u>Dar órdenes con el teclado, por ejemplo:</u>

Muchas teclas de su teclado están configuradas para que cuando las mantenga presionadas durante un tiempo se repitan. Para evitar que hagan esto y le causen problemas, asegúrese de presionarlas y soltarlas rápidamente. Hay tres teclas que no se repetirán ni dañarán lo que usted esté haciendo y que puede mantener presionadas durante mucho rato. Estas tres teclas son: **Shift, Alt, Control**.

Sólo para recordarle que puede mantener cualquier tecla presionada, le diré el nombre de esa tecla y después pondré una barra lateral. Por ejemplo, Alt/ significa *mantener presionada* la tecla **Alt**. Una tecla, como la **F**, sin la barra lateral al lado, significa *presionar sólo un momento esa tecla*, porque en caso contrario se repetiría. Por ejemplo, **Alt/F** significa que debe mantener presionada la tecla **Alt** y presionar sólo un momento la tecla **F**.

Ctrl/Shift/F significa mantener presionadas tanto la tecla **Ctrl** como la tecla **Shift**, mientras se presiona la **F** momentáneamente. Por ejemplo: **Ctrl/Shift/F**.

Las órdenes con el teclado se dan manteniendo presionadas la primera, segunda o tercera teclas y presionando la última tecla sólo un momento. <u>No presione todas las teclas durante un tiempo</u>, porque la computadora está configurada para repetir la acción de cada tecla excepto en tres teclas especiales, **Control**, **Alt** y **Shift**.
w
<u>Dar órdenes con el ratón, por ejemplo:</u>

Hacer clic en **Archivo** significa poner la flecha del puntero del ratón en la palabra **Archivo** y entonces presionar el botón izquierdo del ratón mientras todavía está apuntando a la palabra **Archivo**.

Prenda la computadora y ponga en marcha su programa

	Teclado (Keyboard)	**Ratón** (Mouse)
1.	Prenda la computadora … El interruptor generalmente está delante. Cuando presione el botón, debe encenderse una luz verde, tanto en la computadora como en el teclado	Prenda la computadora … El interruptor generalmente está delante. Cuando presione el botón, debe encenderse una luz verde, tanto en la computadora como en el teclado
2.	**Ctrl/Esc**	Haga clic en **Inicio** (Start)
3.	**P**	Apunte a **Programas** (Programs)
4.	Resalte **Microsoft**® **Word** utilizando las teclas de dirección	Haga doble clic en **Microsoft**® **Word**.
5.	**Enter**↵	

También puede hacer clic en esta imagen, que está en la pantalla de su computadora, cuando la prenda, o puede hacer clic en cualquier parte de su pantalla y mover el "resalte" con las flechas de dirección, hasta que se resalte este icono y entonces presionar **Enter** para abrir **Microsoft**® **Word**.

Ejercicio 1

Abra un documento nuevo … cuando abre por primera vez el programa Microsoft Word, automáticamente le abre un documento nuevo, así que usted no tendrá que abrir uno en este ejercicio. Sin embargo, en el ejercicio 2, deberá abrir un documento nuevo.

Nombre el documento y diga dónde quiere guardarlo … SaveAs

En la banda azul oscuro que está en la parte superior de su pantalla debe poner "Document1 (o 2, 3, etc.) - **Microsoft Word**. Debe darle el nombre que quiera ponerle, para que pueda encontrarlo más tarde, cuando quiera volver a verlo o quiera cambiarlo. También debe decirle a la computadora dónde quiere guardarlo. Esto se hace con un procedimiento que se llama **"Guardar como" (SaveAs).....**

Utilizaremos la disquetera para todas las lecciones, para evitar que su trabajo se mezcle con otras cosas que quiera hacer más adelante. Ponga un disquete en la disquetera y empújelo hasta que entre … Se pone con la parte de la pieza de metal delante y la etiqueta mirando hacia arriba. Cuando esté dentro, oirá un clic. Si lo pone incorrectamente, el disco no entrará fácilmente y no hará clic.

	Teclado (Keyboard)	**Ratón** (Mouse)
1.	**F12 (tecla de función 12)**	Haga clic en **Archivo** (File)
2.		Haga clic en **Guardar como** (Save_As…)
3.	Si Guardar como… indica su nombre y apellido, pase por alto 7 al paso	Si Guardar como… indica su nombre y apellido, pase por alto 8 al paso
4.	**Shift/Tab**	Haga doble clic su **nombre y apellido**
5.	Flecha que baja a su **nombre y apellido**	
	Presione **Enter↵**	
6.	**Alt/N**	Haga clic en el triangulito **Nombre de archivo** (File _name)
7.	Escriba **Lección 2-1**	Escriba **Lección 2-1**
8.	**Enter↵ dos veces**	Haga clic en **OK**

Si ha llevado a cabo cada paso correctamente, se prenderá una luz verde cerca de su disquetera y en la parte superior de su pantalla aparecerá **Lección 2-1**, seguida de las palabras "**Microsoft Word**".

Teclee el texto de abajo…. **No trate de hacer que su documento tenga el aspecto que tiene el que se le ha dado para copiar.** Sólo deje que la computadora decida cuándo ir a la línea siguiente. **Use la tecla de retroceso (backspace) para borrar los errores que cometa.**

Ahora ya está listo para teclear un nuevo documento. No tiene que preocuparse por cuándo ir a la siguiente línea. La computadora decide eso por usted. El nombre de esta acción en el argot de computación es "wraparound." (envoltura). Cuando utilizaba una máquina de escribir usted debía decidir cuándo ir a la línea siguiente.

Guarde su documento y sáquelo de la pantalla

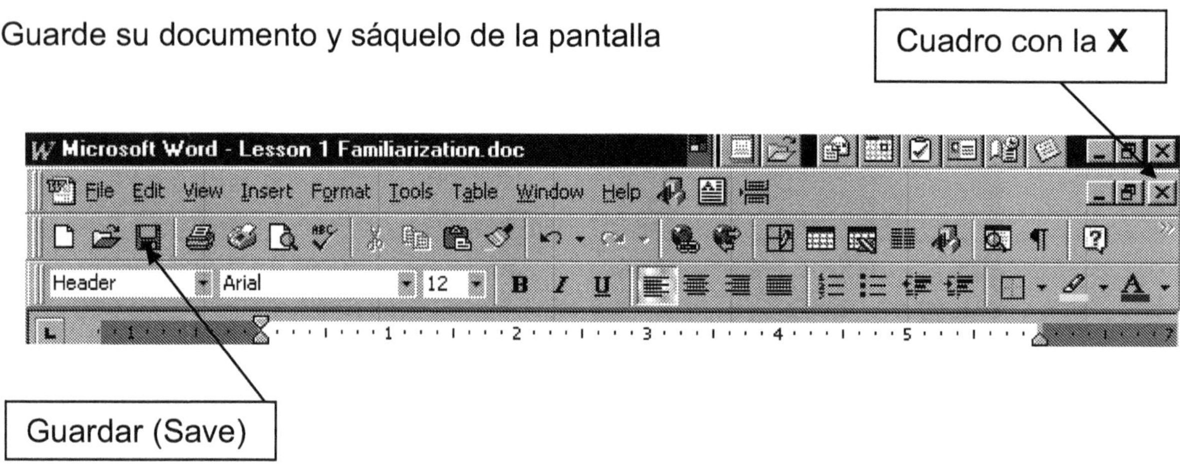

Teclado (Keyboard)	**Ratón** (Mouse)	
1. **Ctrl/S**	Haga clic en el icono **Guardar** (Save)	
2. **Ctrl/W**	Haga clic en la "**X**"	

Si ha llevado a cabo cada paso correctamente, su pantalla se volverá **gris**.

Ejercicio 2

Abra un documento nuevo ….

	Teclado (Keyboard)	Ratón (Mouse)
1.	**Ctrl/N**	Haga clic en el icono **Documento Nuevo (Nuevo)**

Nómbrelo y diga dónde quiere guardarlo … Guardar como (SaveAs…)

	Teclado (Keyboard)	Ratón (Mouse)
1.	**F12 (tecla de función 12)**	Haga clic en **Archivo** (File)
2.		Haga clic en **Guardar como** (Save<u>A</u>s…)
3.	Si Guardar como… indica su nombre y apellido, pase por alto 7 al paso	Si Guardar como… indica su nombre y apellido, pase por alto 8 al paso
4.	**Shift/Tab**	Haga doble clic su **nombre y apellido**
5.	Flecha que baja a su **nombre y apellido**	
	Presione **Enter↵**	
6.	**Alt/N**	Haga clic en el triangulito **Nombre de archivo** (File <u>n</u>ame)
7.	Escriba **Lección 2-1**	Escriba **Lección 2-1**
8.	**Enter↵ dos veces**	Haga clic en **OK**

Si ha llevado a cabo cada paso correctamente, se prenderá una luz verde cerca de su disquetera y su nombre aparecerá en la parte superior de su pantalla, al lado de las palabras "**Microsoft Word**".

Ponga el tipo de letra Courier New … hará que lo que teclee se parezca a una máquina de escribir.

	Teclado (Keyboard)	Ratón (Mouse)
1.	**Ctrl/Shift / F**	Haga clic en la cajita que tiene un triangulito mirando hacia abajo y que está al lado de la cajita que muestra tipos de letra, como "**Arial**" o "**Times New Roman**".
2.	Presione la flecha hacia abajo varias veces, hasta que aparezca el tipo de letra **Courier New** en la ventanilla.	Haga clic en **Courier New**.
3.	**Enter ↵**	

Ponga el tamaño del tipo de letra a 12 pt.

Teclado (Keyboard)		Ratón (Mouse)
1.	**Ctrl/Shift / >** hasta que aparezca el 12 en la ventanilla de **tamaño de letra**	Haga clic en la cajita que tiene un triangulito mirando hacia abajo y que está al lado de la cajita con los **números**.
2.		Haga clic en el número **12**

Teclee el párrafo siguiente.... No trate de terminar las frases donde terminan abajo. Sólo deje que la computadora decida cuándo empezar la próxima línea.

Presione **Ctrl/B** para hacer **negrita o** haga clic en el icono "**B**".

Presione **Ctrl/B** o haga clic en el icono "**B**" para dejar de hacer **negrita**

"Envoltura" es una de esas nuevas palabras características de nuestro vocabulario de computación. Sólo quiere decir que la computadora puede saber cuando terminar una línea y empezar una nueva. La única vez que tiene que presionar **Intro** es cuando quiera empezar un nuevo párrafo. Si presiona **Intro** dos veces, la computadora saltará una línea. Si se olvida de las teclas que se repiten y sigue presionando **Intro**, la computadora seguirá avanzando líneas hasta que suelte la tecla. Muchas veces su texto desaparecerá de la pantalla. Usted guarda sus ejercicios para poder volver a abrirlos cuando quiera volver a verlos o a trabajar en ellos. Si se olvida de guardar un ejercicio, tendrá que hacerlo de nuevo. Cuando termine su trabajo, haga siempre estas dos cosas:

(1) **guarde** su trabajo.
(2) **Ciérrelo**, para no hacer más cambios o añadir otro ejercicio por equivocación.

Guarde su documento y sáquelo de la pantalla

Cuadro con la **X**

Guardar (Save)

Teclado (Keyboard)	**Ratón** (Mouse)	
1.	**Ctrl/S**	Haga clic en el icono **Guardar (Save)**	
2.	**Ctrl/W**	Haga clic en la "**X**"	

Si ha llevado a cabo cada paso correctamente, su pantalla se volverá **gris**.

Ejercicio 3

Abra un Documento Nuevo.

Teclado (Keyboard)		Ratón (Mouse)
1.	**Ctrl/N**	Haga clic en el icono **Documento Nuevo**

Nombre el documento y diga dónde quiere guardarlo … SaveAs

Teclado (Keyboard)		Ratón (Mouse)
1.	**F12 (tecla de función 12)**	Haga clic en **Archivo** (File)
2.		Haga clic en **Guardar como** (Save<u>A</u>s…)
3.	Si Guardar como… indica su nombre y apellido, pase por alto 7 al paso	Si Guardar como… indica su nombre y apellido, pase por alto 8 al paso
4.	**Shift/Tab**	Haga doble clic su **nombre y apellido**
5.	Flecha que baja a su **nombre y apellido**	
	Presione **Enter↵**	
6.	**Alt/N**	Haga clic en el triangulito **Nombre de archivo** (File <u>n</u>ame)
7.	Escriba **Lección 2-1**	Escriba **Lección 2-1**
8.	**Enter↵** dos veces	Haga clic en **OK**

Si ha llevado a cabo cada paso correctamente, se prenderá una luz verde cerca de su disquetera y su nombre aparecerá en la parte superior de su pantalla, al lado de las palabras "**Microsoft Word**".

Ponga el tipo de letra Courier New … hará que lo que teclee se parezca a una máquina de escribir.

Teclado (Keyboard)		Ratón (Mouse)
1.	**Ctrl/Shift / F**	Haga clic en la cajita que tiene un triangulito mirando hacia abajo y que está al lado de la cajita que muestra tipos de letra, como "**Arial**" o "**Times New Roman**".
2.	Presione la flecha hacia abajo varias veces, hasta que aparezca el tipo de letra **Courier New** en la ventanilla.	Haga clic en **Courier New**.
3.	**Enter↵**	

Ponga el tamaño del tipo de letra a 12 pt.

	Teclado (Keyboard)	**Ratón** (Mouse)
1.	**Ctrl/Shift / >** hasta que aparezca el 12 en la ventanilla de tamaño de letra	Haga clic en la cajita que tiene un triangulito mirando hacia abajo y que está al lado de la cajita con los **números**.
2.		Haga clic en el número **12**

Teclee el párrafo que sigue.... No trate de terminar las frases donde terminan abajo. Sólo deje que la computadora decida cuándo empezar la próxima línea. Teclee el texto siguiente lo mejor que pueda. Utilice la **tecla de retroceso (backspace)** para borrar los errores que cometa.

> Nos gustaría que visitara nuestro nuevo almacén regional.
>
> Sabemos que usted ha estado buscando a alguien de la comunidad que pueda atender sus necesidades en computación.
>
> Si nos visita podrá entender mejor lo completas que son nuestras existencias, por lo que podemos atender sus necesidades inmediatas a la perfección.
>
> Si puede avisarnos con un par de días de antelación y decirnos qué le interesa en particular, nos encargaremos de tener a su disposición un buen surtido de equipamiento, piezas y manuales del servicio.
>
> Por favor, no dude en traer a algún socio suyo que crea que puede asesorarle acerca de la conveniencia y calidad de estos productos.

Guarde su trabajo y ciérrelo

	Teclado (Keyboard)	**Ratón** (Mouse)
1.	**Ctrl/S**	Haga clic en el icono **Guardar** (Save)
2.	**Ctrl/W**	Haga clic en la caja de **"X"**

Si ha llevado a cabo cada paso correctamente, su pantalla se volverá **gris**.

Ejercicio 4

Abra otra vez el documento que ha guardado

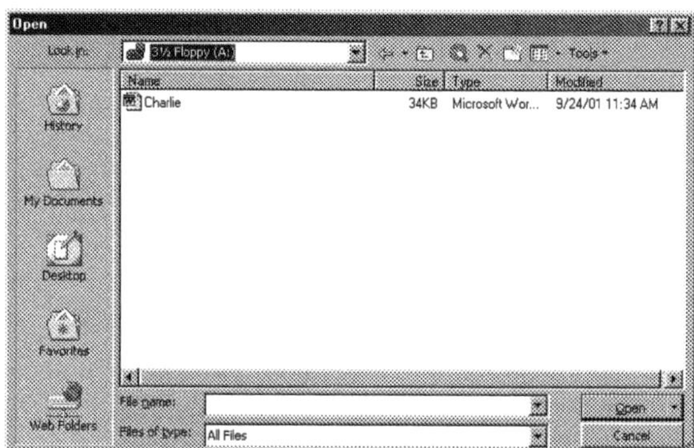

Cuadro de diálogo Abrir Archivo (Open File)

	Teclado (Keyboard)	**Ratón** (Mouse)
1.	**Ctrl/O**	Haga clic en el icono **Abrir** (Open) (parece una carpeta)
2.	**Alt/I** … Si **"Buscar en"** ya muestra el disquete **3-1/2" (A:),** vaya al paso 6.	Haga clic en el triangulito **"Buscar en"** (Look in). Si **"Buscar en"** ya muestra el disquete **3-1/2" (A:),** vaya al paso 6.
3.	**3**	Haga clic en disquete **3 1/2 " (A:)**
4.	**Enter↵**	
5.	**Alt/N**	
6.	**Shift/Tab**	
7.	Mueva lo "**Resaltado**" en azul a **Lección 2-1**, con la **tecla de dirección**	Haga doble clic en **Lección 2-1**
8.	**Enter↵**	

Vaya a la página 9 para corregir errores ..., para añadir información o borrar algo que no quiere.

Haga algunos cambios en el documento anterior.

<table>
<tr>
<td>

Mueva el cursor a la izquierda de "Ahora" (Ctrl/Home) **con las teclas de dirección o con el ratón ... Presione <u>Suprimir</u> 7 veces y teclee:** la letra "E"

</td>
<td>

Mueva el cursor hasta aquí con las teclas de dirección o con el ratón ... ...Teclee 2 espacios y después: Deje que la computadora trabaje.

</td>
</tr>
</table>

Ahora está listo para escribir un nuevo documento. No tiene que preocuparse por cuándo empezar una nueva línea. La computadora decide esto por usted. En la jerga computacional esto se llama "Envoltura". Cuando utilizaba una máquina de escribir, usted tenía que decidir cuándo empezar una nueva línea.

Mueva el cursor hasta el final del párrafo (Ctrl/Home) **con las teclas de dirección o con el ratón y teclee:** 2 espacios **y teclee:** Ahora usted ya no

Guarde su documento y sáquelo de la pantalla

	Teclado (Keyboard)	**Ratón** (Mouse)
1.	**Ctrl/S**	Haga clic en el icono **Guardar** (Save) (parece un disquete)
2.	**Ctrl/W**	Haga clic en la "X"

Si ha llevado a cabo cada paso correctamente, su pantalla se volverá **gris**.

Ejercicio 5

Abra otra vez el documento que ha guardado

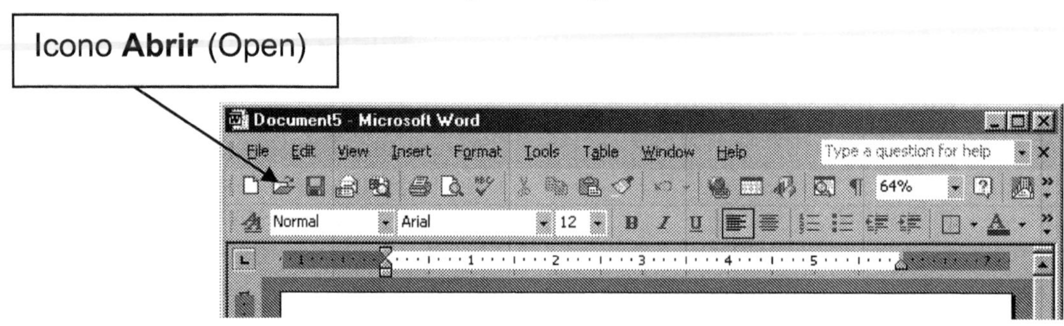

Teclado (Keyboard)		Ratón (Mouse)
1.	**Ctrl/O**	Hacer clic en el icono **Abrir** (parece una carpeta)
2.	Si **"Buscar en"** ya muestra su **nombre** y **apellido**, vaya al paso 7.	Si **"Buscar en"** ya muestra su **nombre** y **apellido,** vaya al paso 8.
3.	**Shift/Tab**	Haga clic la carpeta con su **nombre** y **apellido** dos veces
4.	Con la flecha de dirección, mueva lo "**Resaltado**" en azul hasta la carpeta con su **nombre** y **apellido**	
5.	**Enter↵**	
7.	**Shift/Tab**	Haga clic en su **nombre** 2 veces
8.	Con la flecha de dirección, mueva lo "Resaltado" en azul hasta su **nombre**	
9.	**Enter↵**	

"Envoltura" es una de esas nuevas palabras características de nuestro vocabulario de computación. Sólo quiere decir que la computadora puede saber cuando terminar una línea y empezar una nueva. La única vez que tiene que presionar **Intro** es cuando quiera empezar un nuevo párrafo. Si presiona **Intro** dos veces, la computadora saltará una línea. Si se olvida de las teclas que se repiten y sigue presionando **Intro**, la computadora seguirá avanzando líneas hasta que suelte la tecla. Muchas veces su texto desaparecerá de la pantalla.

Añada una coma "," ... mueva el cursor aquí y teclee

Usted guarda sus ejercicios para poder volver a abrirlos cuando quiere volver a verlos o a trabajar en ellos. Si se olvida de guardar un ejercicio, tendrá que hacerlo de nuevo. Cuando termine su trabajo, haga siempre estas dos cosas: (1) **grabe** su trabajo. (2) **Ciérrelo**, para no hacer más cambios o añadir otro ejercicio por equivocación.

2.
Mueva el cursor aquí y presione Enter Presione **Delete** varias veces para borrar los números extra

3.
Mueva el cursor aquí … **Borre** (Delete) las palabras … **otro ejercicio**

1.
Mueva el cursor aquí y presione Enter dos veces

Poner el documento a doble espacio

	Teclado (Keyboard)	Ratón (Mouse)
1.	**Ctrl/A**	Haga clic en **Editar** (Edit)
2.		Haga clic en **Seleccionar todo** (Select all)
3.		Haga clic en **Formato** (Format)
4.		Haga clic en **Párrafo** (Paragraph)
5.		Haga clic en el triangulito al lado de **Espaciado de línea** (Space)
6.	**Ctrl/2**	Haga clic en **Doble**
7.		Haga clic en **OK**

"Envoltura" es una de esas nuevas palabras características de nuestro vocabulario de computación. Sólo quiere decir que la computadora puede saber cuando terminar una línea y empezar una nueva. La única vez que tiene que presionar **Intro** es cuando quiera empezar un nuevo párrafo. Si presiona **Intro** dos veces, la computadora saltará una línea. Si se olvida de las teclas que se repiten y sigue presionando **Intro**, la computadora seguirá avanzando líneas hasta que suelte la tecla. Muchas veces su texto desaparecerá de la pantalla.

Usted guarda sus ejercicios para poder volver a abrirlos cuando quiere volver a verlos o a trabajar en ellos. Si se olvida de guardar un ejercicio, tendrá que hacerlo de nuevo. Cuando termine su trabajo, haga siempre estas dos cosas:

(1) **grabe** su trabajo.

(2) **Ciérrelo**, para no hacer más cambios o añadir otro ejercicio por equivocación.

Guarde su documento y sáquelo de la pantalla

	Teclado (Keyboard)	Ratón (Mouse)	
1.	**Ctrl/S**	Haga clic en el icono **Guardar** (Save)	
2.	**Ctrl/W**	Haga clic en la "**X**"	

Si ha llevado a cabo cada paso correctamente, su pantalla se volverá **gris**.

Ejercicio 6

Abra un documento que haya guardado

Teclado (Keyboard)		**Ratón** (Mouse)
1.	**Ctrl/O**	Hacer clic en el icono **Abrir** (parece una carpeta)
2.	Si **"Buscar en"** ya muestra su **nombre** y **apellido,** vaya al paso 7.	Si **"Buscar en"** ya muestra su **nombre** y **apellido,** vaya al paso 8.
3.	**Shift/Tab**	Haga clic la carpeta con su **nombre** y **apellido** dos veces
4.	Con la flecha de dirección, mueva lo "**Resaltado**" en azul hasta la carpeta con su **nombre** y **apellido**	
5.	**Enter↵**	
7.	**Shift/Tab**	Haga clic en su **nombre** 2 veces
8.	Con la flecha de dirección, mueva lo "Resaltado" en azul hasta su **nombre**	
9.	**Enter↵**	

Haga primeros párrafos segundos en un párrafo.
1. Cambie de lugar el cursor a "Sabemos" en el segundo párrafo.
2. Presione la tecla de retroceso varias veces hasta que el segundo párrafo une el primer párrafo. Usted debe escribir a máquina dos espacios para separar la primera oración del segundo.

    Nos gustaría que visitara nuestro nuevo almacén regional.

    Sabemos que usted ha estado buscando a alguien de la comunidad que pueda atender sus necesidades en computación.

    Si nos visita podrá entender mejor lo completas que son nuestras existencias, por lo que podemos atender sus necesidades inmediatas a la perfección

    Si puede avisarnos con un par de días de antelación y decirnos qué le interesa en particular, nos encargaremos de

tener a su disposición un buen surtido de equipamiento,
piezas y manuales del servicio.

Por favor, no dude en traer a algún socio suyo que crea que
puede asesorarle acerca de la conveniencia y calidad de estos
productos.

Pegue el último párrafo al segundo párrafo

1. Ponga el cursor a la izquierda de "Por favor"
2. Manteniendo **Shift** presionada presione
   la flecha hacia abajo 2 veces

3. **Ctrl/X**
4. Ponga el cursor a
   la derecha de
   " perfección "
5. **Ctrl/V**

    Nos gustaría que visitara nuestro nuevo almacén
regional. Sabemos que usted ha estado buscando a alguien de
la comunidad que pueda atender sus necesidades en
computación.

    Si nos visita podrá entender mejor lo completas que son
nuestras existencias, por lo que podemos atender sus
necesidades inmediatas a la perfección.

    Si puede avisarnos con un par de días de antelación y
decirnos qué le interesa en particular, nos encargaremos de
tener a su disposición un buen surtido de equipamiento,
piezas y manuales del servicio.

    Por favor, no dude en traer a algún socio suyo que crea
que puede asesorarle acerca de la conveniencia y calidad de
estos productos.

Guarde su documento y sáquelo de la pantalla

Cuadro con la **X**

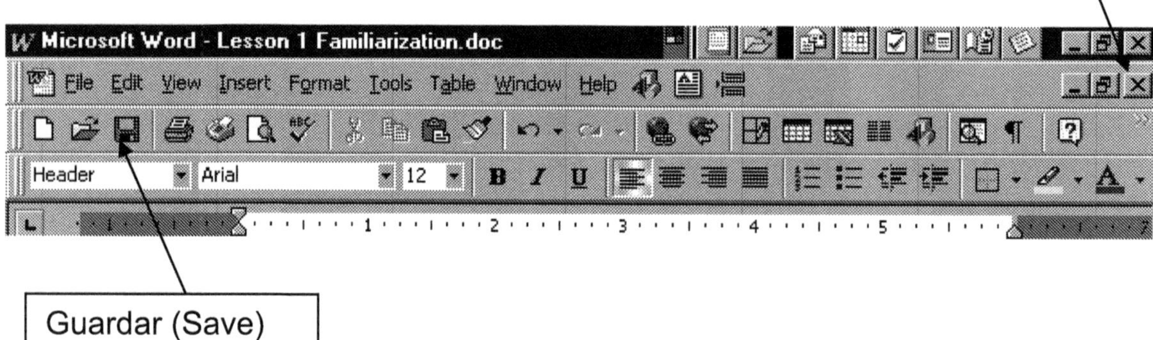

Guardar (Save)

Teclado (Keyboard)	Ratón (Mouse)	
1. **Ctrl/S**	Haga clic en el icono **Guardar** (Save)	
2. **Ctrl/W**	Haga clic en la "**X**"	

Si ha llevado a cabo cada paso correctamente, su pantalla se volverá **gris**.

Ha llegado la hora de apagar la computadora, se ha terminado la lección …

Apague el programa.

Teclado (Keyboard)		Ratón (Mouse)
1.	Alt/F4	Haga clic en el cuadro con la **"X"** de arriba a la derecha

Apague la computadora

Teclado (Keyboard)		Ratón (Mouse)
1.	Ctrl /Esc	Haga clic en **Start**
2.	U	Haga clic en **Shut down**
3.	Enter↵	Haga clic en **OK**

Nota: En el Apéndice C también encontrará las instrucciones: prender la computadora, abrir un programa, abrir un nuevo documento, abrir un documento de sus archivos, guardar un documento como, guardar un documento (en un archivo) y cerrar la computadora.

Introducción a Internet y al Correo Electrónico
Lección 3

La era de la información

La primera computadora que apareció en los años 40 marcó el fin de la era mecánica y el inicio de lo que hoy conocemos como la **era de la información**. Nos estamos dando cuenta de que la información en cantidad, si es exacta y puntual, puede alterar los estilos y las formas de vida. En lugar de esforzarnos más físicamente, hacemos que nuestra producción y transporte sean más eficientes, de modo que los productos llegan al mercado mucho más rápido.

Estamos aprendiendo a controlar esta especie de genio. Por supuesto, de eso se trata. Nuestro mundo se ha vuelto del revés con las comunicaciones ultrarrápidas. Internet puede mandar un mensaje al otro lado del mundo en unos segundos. Ni siquiera los aviones más rápidos pueden ir a esta velocidad. Sólo piensen…, cuando un avión aterriza en un aeropuerto lejano con carga perecedera, puede decirse a la gente que está en el aeropuerto de destinación cuántos autos tienen que estar a punto para recibir el envío, para que pueda descargarse y entregarse con presteza. En muchos casos, puede avisarse a la gente que está esperando en el aeropuerto sobre cuántas personas serán necesarias para hacer el envío. Si es necesario que haya personal extra, se les avisa con mucho tiempo de antelación.

Nosotros no estamos aquí para aprender cómo manejar envíos o materiales, a pesar de que lo que aprendemos podría utilizarse para eso. Vamos a aprender sobre algunas de las herramientas disponibles para nosotros. Herramientas que cuando se utilizan correctamente nos hacen la vida mejor y más divertida. Aprenderemos cómo localizar a personas en el centro o en las afueras de la ciudad. También aprenderemos el significado de palabras que oímos muy a menudo, pero que forman parte de lo que hoy es la **jerga computacional**. Verá que esas palabras son muy comunes, pero es como cuando éramos pequeños, que hablábamos en "latinazos" o utilizábamos la técnica de insertar una combinación de letras, como "**arp**" antes de cada vocal.

La jerga computacional es sólo otro modo de decir cosas normales. Las palabras relacionadas con la computación se construyen a partir de una definición de lo que una cosa o una parte de una cosa hacen o del aspecto que tienen. Este tipo de palabras se llaman **acrónimos**. Esto es lo que vamos a ver ahora mismo.

Internet es lo que hace que todo pase. Todo empezó cuando nuestro Ministerio de Defensa pidió a nuestros centros de investigación que diseñaran un sistema de comunicaciones que pudiera evitar las interrupciones en el servicio y que no perdiera mensajes que se estuvieran enviando a través de los cables o de los satélites. El primer diseño completo que se terminó se llamó

ARPANET. La clave de su éxito fue el desarrollo de procedimientos de "almacenaje y expedición". Después de ARPANET llegaron CSNET y NSFNET, que fue el

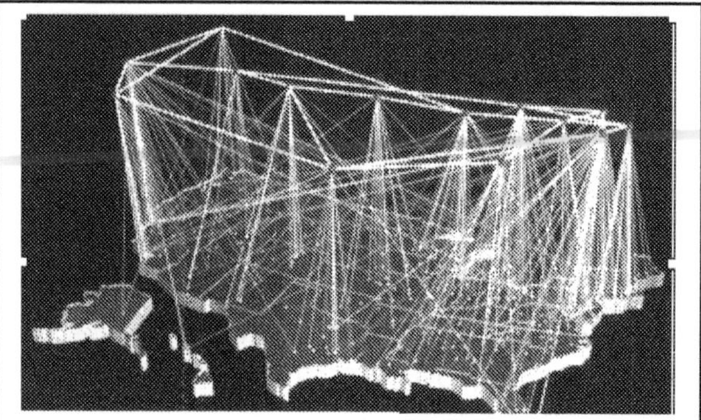

precursor de Internet tal como lo conocemos hoy en día. NSF (National Science Foundation) financió cinco centros de supercomputadoras en cinco universidades en los años 80. Esto tuvo tanto éxito que se expandió el sistema para incluir quince sitios más y entonces la red se expandió más allá de los Estados Unidos.

La concepción de un artista de la autopista electrónica

Con el intercambio, almacenaje y poder de expedición del sistema disponible para todo el mundo, el sistema aumentó de las primeras cinco computadoras originales a las quince supercomputadoras que eran capaces de conectar miles, incluso millones de computadoras. El sistema ha crecido desde cientos de computadoras conectadas a Internet hasta varios millones de computadoras. Sí, incluso nuestras pequeñas computadoras caseras.

Hypertexto   Esta es la gran innovación que pone en marcha Internet. La capacidad de formatear proyecciones y reproducirlas a una gran distancia, resultó en millones de personas, universidades, gobiernos y empresas abriendo páginas de Internet. El hipertexto se desarrolló en Cern, Suiza, como un método para escribir trabajos académicos y científicos de modo que el lector pudiera trasladarse entre las numerosas referencias sólo colocando la flecha del puntero del ratón en un punto concreto y haciendo clic. El material de referencia aparece para que el lector lo examine. Los técnicos de Internet no tardaron en ver que esta técnica tenía muchas otras posibilidades, que todavía se están explorando y expandiendo.

Abra Internet Explorer

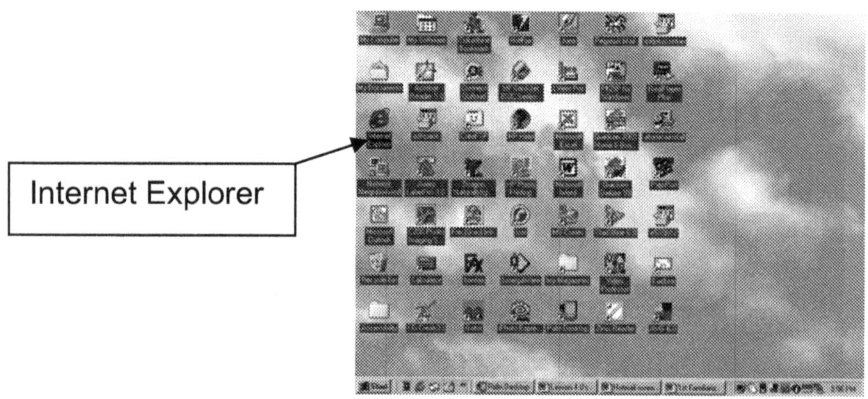

Pantalla inicial del escritorio (Desktop)

	Teclado (Keyboard)	Ratón (Mouse)
1.	**Ctrl/Esc**	Haga clic en el icono (imagen) **Internet Explorer**
2.	**P**	
3.	Presione **I** hasta que se resalte en azul **Internet Explorer**	
4.	**Enter**⏎	

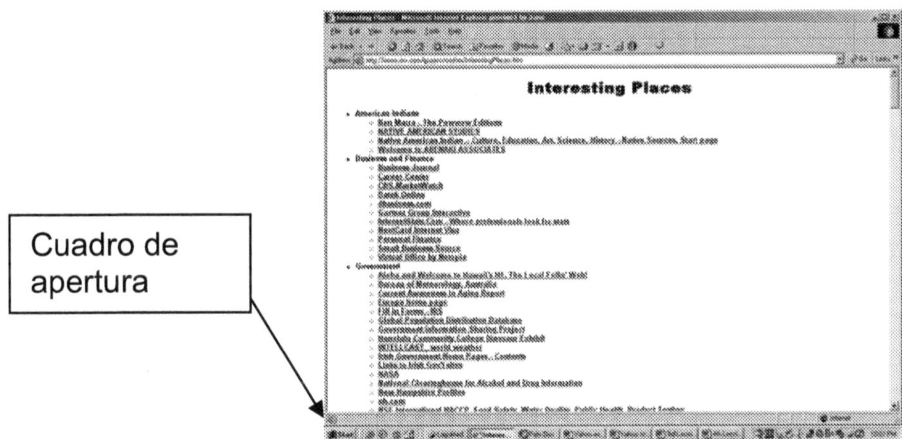

Página principal del Instituto de Gero-tecnología

Cuadro de apertura

Cuando se abra la página principal (homepage) que ha elegido y en el **cuadro de apertura** diga "hecho" (done), ya puede decirle a **Internet Explorer** dónde quiere ir a continuación.

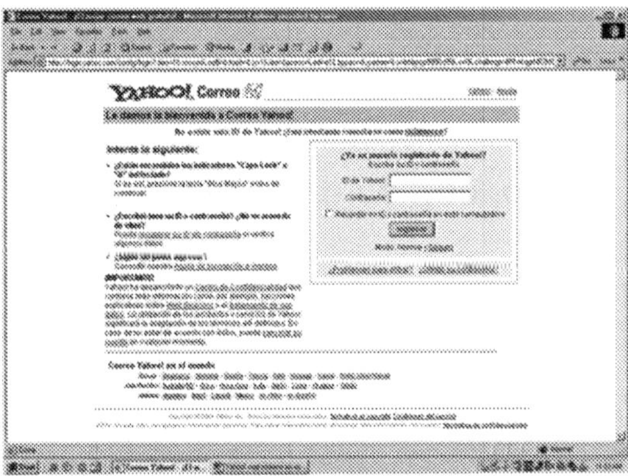

Página para Entrar (Log-in)

	Teclado (Keyboard)	Ratón (Mouse)
1.	**Alt/D**	Haga clic en la parte derecha del cuadro de **Dirección** (A<u>d</u>dress)
2.	Teclee **Mail.Yahoo.com**	Teclee **Mail.Yahoo.com**
3.	**Enter**⏎	Haga clic en el icono **Ir** (Go)

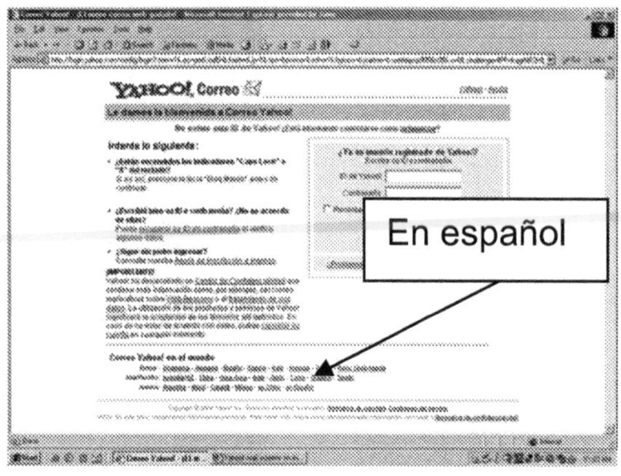

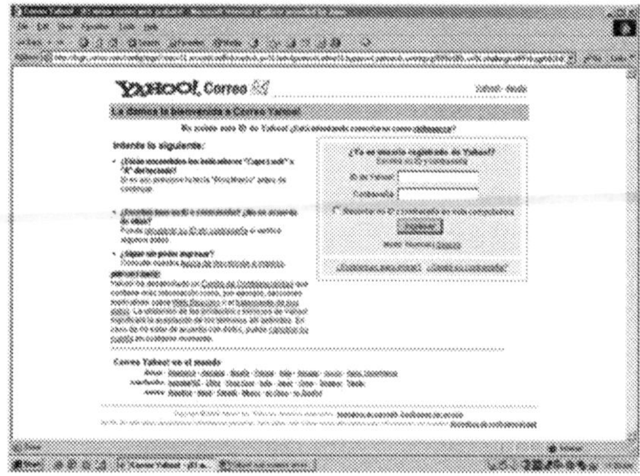

| Bienvenido a Yahoo Mail en inglés | Bienvenido a Yahoo Mail en español |

Teclado	Raton
1. **Shift/Tab** 14 veces para **en español**	Clic **en español e**n la parte inferior de página
2. **Entre**	
3. **Shift/Tab** 2 veces para **Registrese ahora**	Clic **Registrese ahora**
4. **Entre**	

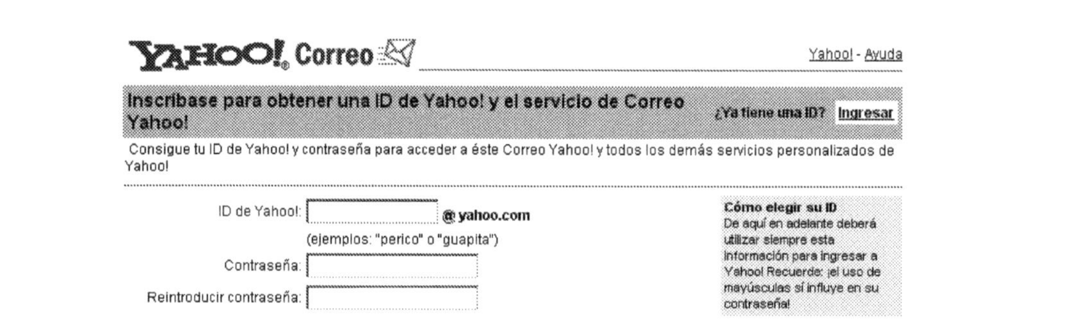

Llénelo, con su ID y contraseña

	Teclado	Ratón
1.	Presione **Tab** 5 veces en el cuadro **ID de Yahoo! :**	Haga clic en el cuadro **ID de Yahoo! :**
2.	Teclee las primeras 6 letras de su apellido, nombre y año de nacimiento.	Teclee las primeras 6 letras de su apellido y nombre y su año de nacimiento.
3.	Presione **Tab** en el cuadro de **Contraseña**	Haga clic en el cuadro de **Contraseña**
4.	Teclee una contraseña, mezclando mayúsculas, minúsculas y números. Tiene que poner al menos 8 en total.	Teclee una contraseña, mezcle mayúsculas, minúsculas y números. Tiene que poner al menos 8 en total.

	Teclado	Ratón
5.	Presione **Tab** en el cuadro **Volver a teclear la contraseña**	Haga clic en el cuadro **Volver a teclear la contraseña** (Re-type Password:)
6.	Teclee otra vez su **contraseña**	Teclee otra vez su **contraseña**

Ponga su información "pregunta secreta" … por si se olvidara de la contraseña

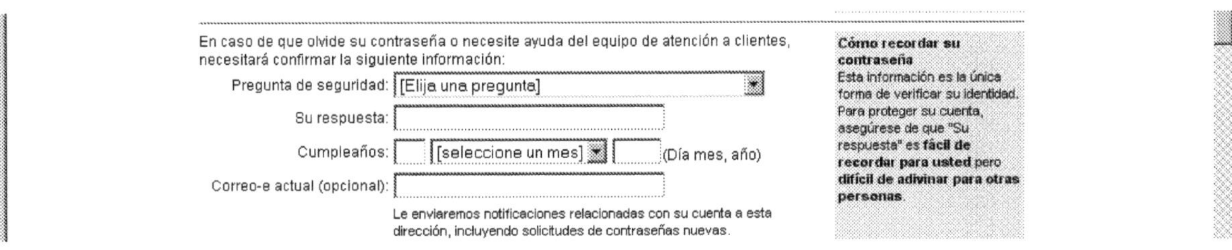

	Teclado (Keyboard)	Ratón (Mouse)
1.	Presione **Tab** en **Pregunta de seguridad**	Haga clic en el icono que está al lado de **Pregunta de Seguridad**
2.	Presione la tecla de dirección inferior de su teclado hasta que aparezca la pregunta que quiere usar.	Haga clic en la pregunta que quiere usar
3.	Presione **Tab** en el cuadro **Su respuesta**	Haga clic en el cuadro **Su respuesta**
4.	Teclee su respuesta	Teclee su respuesta
5.	Presione **Tab** en **Cumpleaños seleccione uno**	Haga clic en el icono que está al lado del cuadro **Seleccione uno**
6.	Presione la tecla de dirección inferior de su teclado hasta que aparezca el mes de su cumpleaños.	Haga clic en el mes de su aniversario.
7.	Presione **Tab** para ir al siguiente cuadro.	Haga clic en el cuadro siguiente.
8.	Teclee el día de su **cumpleaños**	Teclee el día de su **cumpleaños**
9.	Presione **Tab** para ir al cuadro siguiente	Haga clic en el cuadro siguiente
10.	Teclee el **año** que nació … 4 núm.	Teclee el año que nació … 4 núm.
11.	Presione **Tab** para ir al cuadro **Current Email**	Haga clic en el cuadro **Current Email**
12.	Si quiere, teclee su dirección de correo electrónico	Si quiere, teclee su dirección de correo electrónico

Correo electrónico Yahoo! personalizado … dé su nombre y dirección, porque es obligatorio, pero deseleccione las "ofertas especiales", para evitar que le manden muchos anuncios

Personalizar sus contenidos

	Teclado	Ratón
1.	Presione **Tab** en el cuadro **Nombre**	Haga clic en el cuadro **Nombre**
2.	Teclee su nombre	Teclee su nombre
3.	Presione **Tab** en el cuadro **Apellido**	Haga clic en el cuadro **Apellido**
4.	Teclee su apellido	Teclee su apellido
5.	Presione **Tab** 2 veces en el cuadro **Código postal**	Haga clic en el cuadro **Código postal**
6.	Presione **Tab** en el cuadro **Sexo**	Haga clic en el cuadro **Sexo**
7.	Teclee **M o F**	Teclee **M o F**
8.	Presione **Tab** en el cuadro **Industria**	Haga clic en el cuadro **Industria**
9.	Utilice las teclas de dirección para localizer su trabajo	Haga clic en su trabajo
10.	Presione **Tab** en el cuadro **Título**	Haga clic en el cuadro **Título**
11.	Utilice las teclas de dirección para localizer su título	Haga clic en su título
12.	Presione **Tab** para ir al cuadro **Especialidad**	Haga clic en el cuadro de **Especialidad**
13.	Utilice las teclas de dirección para encontrar su **Especialidad** (Specialty)	Haga clic en su **Especialidad** (Specialty)

	Teclado	Ratón
14.	Presione **Tab** dos veces para ir al cuadro "**Envíenme ofertas**" (Send me offers)	Haga clic en el cuadro "**Envíenme ofertas**" (Send me offers)
15.	Ponga el **puntero del ratón** en el cuadro y haga clic para borrar la marca del cuadro	
16.	Presione **Tab** 13 veces hasta que llegue al cuadro **Word Verification**	Click the **Word Verification** box
17.	Teclee la palabra sombreada que está en el cuadro inferior.	Teclee la palabra sombreada que está en el cuadro inferior.
18.	Presione **Tab** 4 veces para ir al icono **Enviar**	Haga clic en el icono **Enviar**

Yahoo! le confirma su "Yahoo ID" y le muestra cómo es su correo electrónico

Asegúrese de escribir su Yahoo ID y la contraseña que haya elegido... utilice el cuadro de abajo...

Yahoo! ID & Password

Yahoo! ID _________________

Password _________________

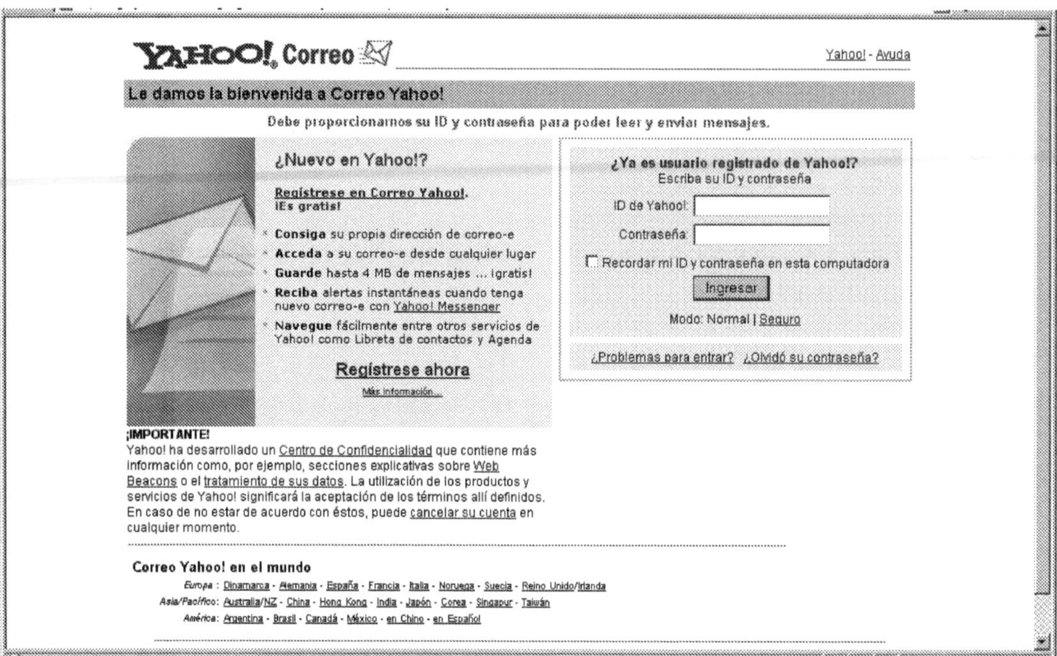

Página de entrada al correo electrónico

	Teclado	Ratón
1.	Teclee su **ID de Yahoo! …** Vea la página 47 de esta lección	Teclee su **ID de Yahoo! …** Vea la página 47 de esta lección
2.	Presione **Tab** en el cuadro de **Contraseña**	Haga clic en el cuadro **Contraseña**
3.	Teclee su **Contraseña**. Vea la página 5 de esta lección	Teclee su **Contraseña**. Vea la página 5 de esta lección
4.	Presione **Tab** dos veces en el icono **Entrar**.	Haga clic en el icono **Entrar**.
5.	**Entre**	

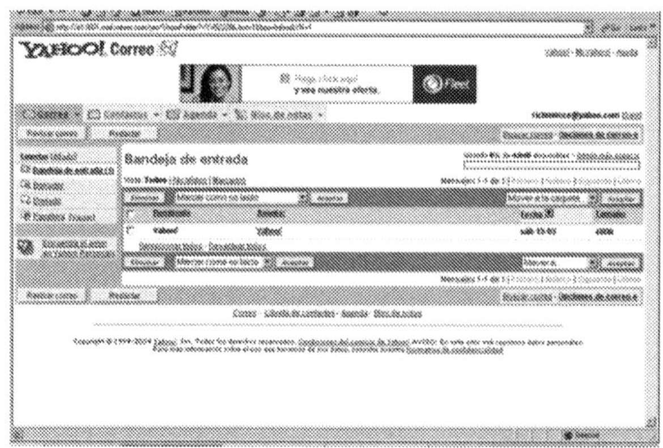

Su pantalla para ver los correos

Ahora escribiremos un correo electrónico, utilizando nuestra cuenta de Yahoo! y lo enviaremos …

	Teclado	Ratón
1.	Presione **Tab** hasta Redactar, está dentro de un rectángulo punteado	Haga clic en **Redactar,** el puntero se convierte en una mano con un dedo señalando
2.	**Enter⏎**	

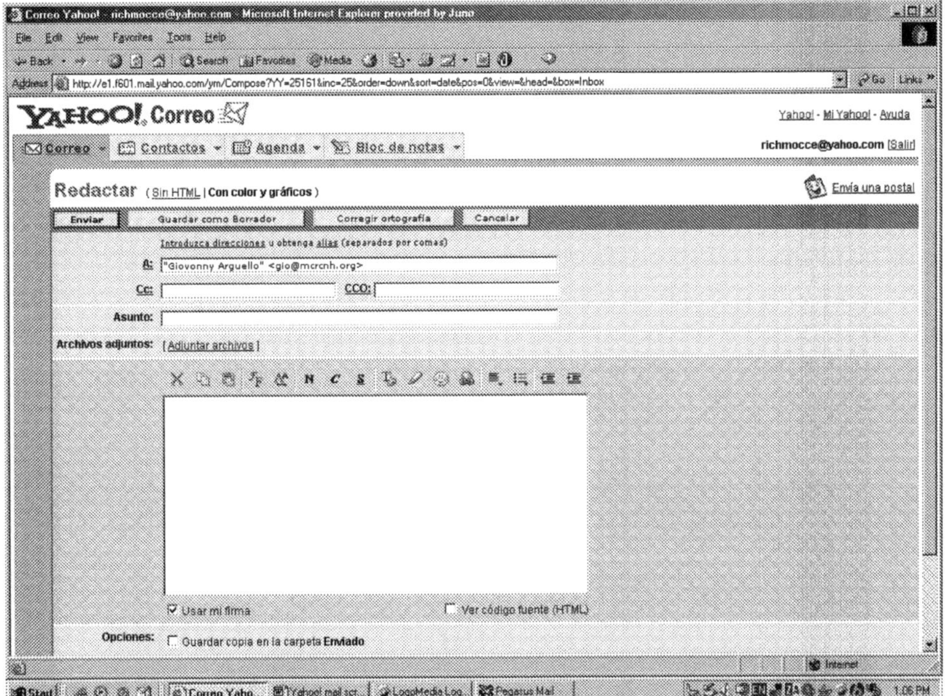

Pantalla preparada para el uso

	Teclado (Keyboard)	Ratón (Mouse)
1.	Presione **Tab** hasta que el **cursor** esté parpadeando en el cuadro **A:**	Haga clic en el cuadro **A:** … el **Cursor** aparecerá allí y parpadeará
2.	Teclee "**Charlie Richmond**" **<ccr@crichm.mv.com>**	Teclee "**Charlie Richmond**" **<ccr@crichm.mv.com>**
3.	Presione **Tab** en el cuadro **Asunto:**	Haga clic en el cuadro **Asunto:**
4.	Teclee: "Primer correo electrónico de su clase de computación"	Teclee: "Primer correo electrónico de su clase de computación"
5.	Presione **Tab** par air al cuadro **Mensaje**	Haga clic en el cuadro **Mensaje**
6.	Teclee: **Este es mi primer mensaje de, estoy seguro, muchos otros mensajes que tendré que mandar durante este curso.** Ahora teclee **su nombre**	Teclee: **Este es mi primer mensaje de, estoy seguro, muchos otros mensajes que tendré que mandar durante este curso.** Ahora teclee **su nombre**

50

	Teclado	Ratón
7.	Presione **Tab** en el icono **Enviar** (Send)	Haga clic en el icono **Enviar** (Send)
8.	**Entre** (Enter⏎)	

A diferencia de otros programas de correo electrónico, **Yahoo!** envía sus mensajes inmediatamente. Los envía a SMTP (Simple Mail Transport Program), un programa que contacta con la computadora que va a recibir el mensaje. Si no la puede encontrar, el programa le devuelve su mensaje, con una nota diciendo que no pudo encontrar la computadora receptora. Si se encuentra con algún otro problema que impida enviar el mensaje inmediatamente, guarda el mensaje y sigue tratando de contactar con la computadora receptora, hasta que recibe permiso para enviarlo. Si pasan muchos días sin que pueda mandar el mensaje, le dará la opción de cancelar el envío o permitir que se envíe con retraso.

Cuando su computadora recibe permiso para enviar, separa el mensaje en "paquetes de mensaje" y los envía de uno en uno. La computadora receptora controla cada paquete que llega y si se pierde uno le pide a su computadora que vuelva a enviar lo que se haya perdido o esté incompleto. Los paquetes no tienen por qué usar la misma vía para llegar a su destino… otras computadoras envían los paquetes por la mejor ruta y la más corta.

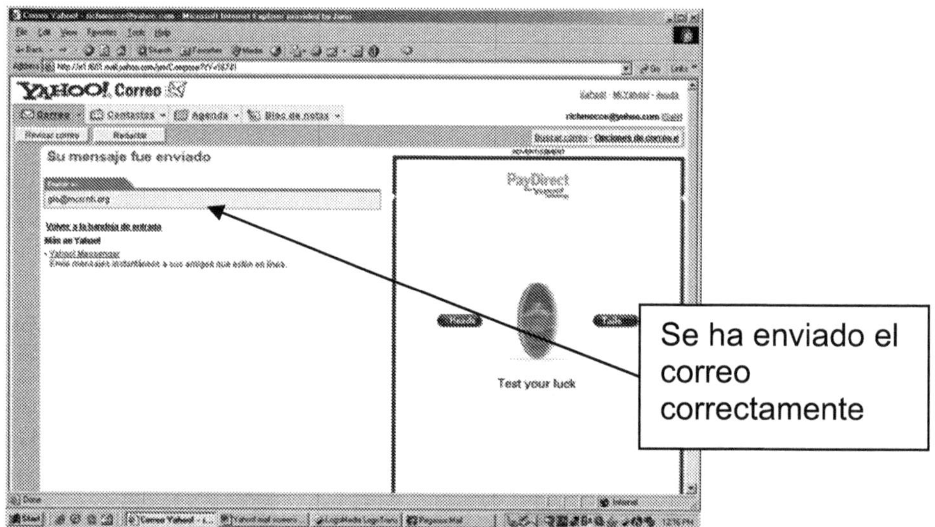

Su mensaje ha sido enviado correctamente

Escriba y envíe otro mensaje

	Teclado (Keyboard)	Ratón (Mouse)
1.	Presione **Tab** hasta que vaya al icono **Componer** (Compose)	Haga clic en el icono **Componer** (Compose)
2.	**Entre** (Enter⏎)	

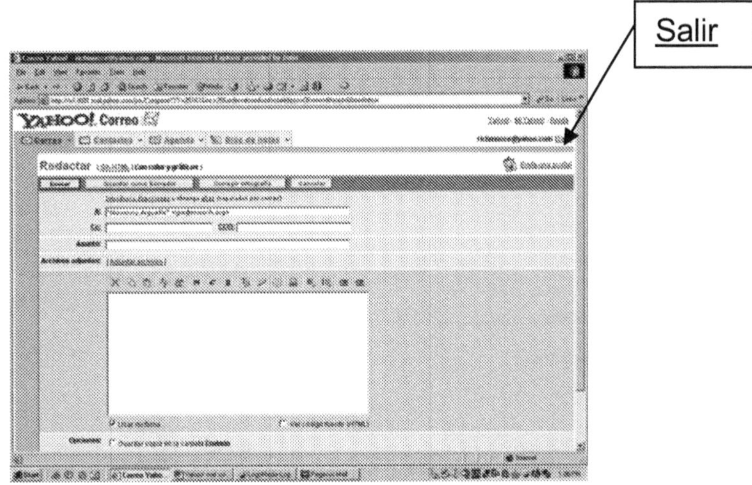

Plantilla en blanco a punto para poder llenarla

Utilice las instrucciones de las páginas 3-9 para llenar este formulario y enviar el mensaje.

Para: <dbr@example.com>
Tema: Práctica de mensajes en Internet

Estoy haciendo esto utilizando una computadora que está en la Universidad de Massachusetts en Amherst. No conozco nada el programa Pine, pero me las estoy arreglando para escribir el mensaje.

(su nombre)

Aquí tiene otro mensaje para enviar:

Para: <rel@example.com>
Tema: Otra posibilidad para comunicarse a través de Internet

Si esto es todo lo que voy a hacer… enviar correo electrónico…no necesito tomar el curso. Sin embargo, sospecho que Charlie sólo está haciendo fácil para nosotros la primera lección. No tengo ningún problema para escribir correos electrónicos y enviarlos. Es lo demás lo que me preocupa.

(su nombre)

Un ejercicio más, y ya hemos terminado esta lección. Envía un correo electrónico a Charlie Richmond, explicándole por qué tomas este curso y qué esperas aprender.
La dirección de correo electrónico de Charlie es: ccr@example.com

Salir del correo electrónico de Yahoo!

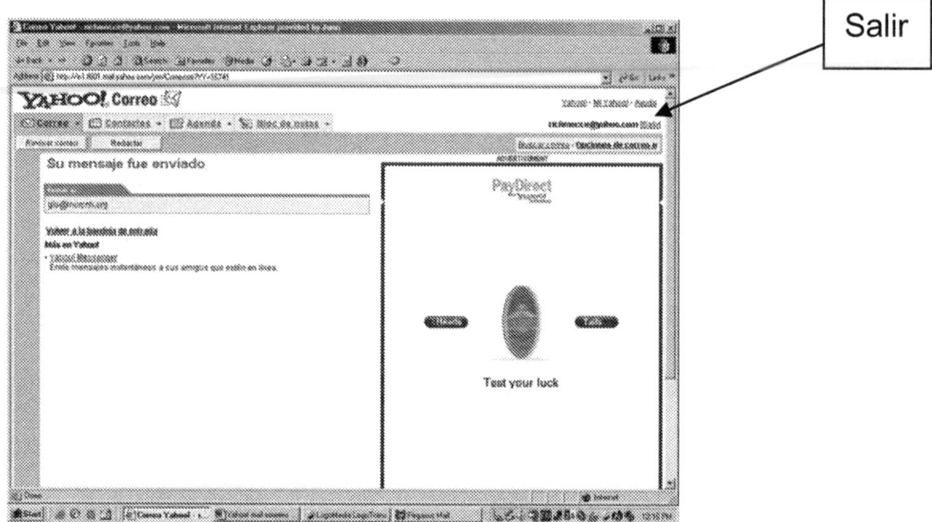

Se ha enviado el correo.

Salgamos del correo Yahoo!

Teclado		Ratón
1.	Presione **Tab** en **Salir**	Haga clic en **Salir**
2.	**Entre**	

Ha llegado la hora de apagar la computadora, se ha terminado la lección …

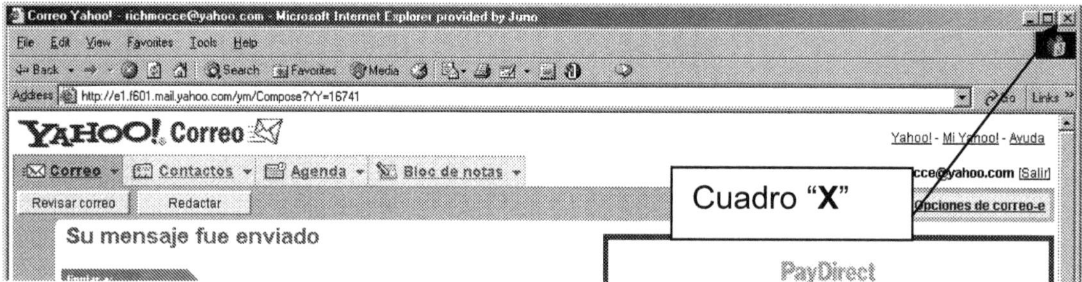

Apague el programa.

Teclado		Ratón
1.	**Alt/F4**	Haga clic en el cuadro con la **"X"** de arriba a la derecha

Apague la computadora.

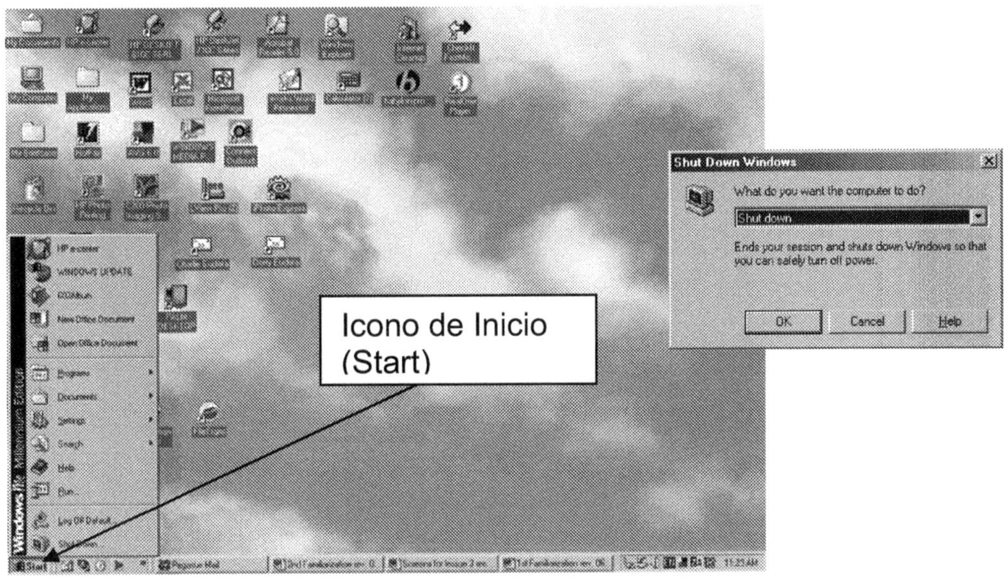

	Teclado	Ratón
1.	**Ctrl/Esc**	Haga clic en el icono de **Inicio**
2.	**U**	Haga clic en la orden **Apagar**
3.	**Enter↵**	Haga clic en **OK**

Utilizando las prestaciones del correo electrónico
Lección 4

Programas de correo electrónico.

Las primeras comunicaciones que se hicieron a través de Internet fueron lo que hoy llamamos correo electrónico. La mayor parte del tráfico en Internet lo constituyen los correos electrónicos. Es fácil de utilizar, conveniente y puede utilizarse de forma gratuita. Como ya se pueden imaginar, algunos programas son más fáciles que otros. Veremos un programa de correo electrónico, que es parte de un paquete de Netscape, diseñado para utilizarse con Unix, un programa de correo que se inventó en Europa, que se ha adoptado ampliamente y que se desarrolló para utilizarse en redes locales, como la que utiliza Novell Netware.

Abrir Internet Explorer

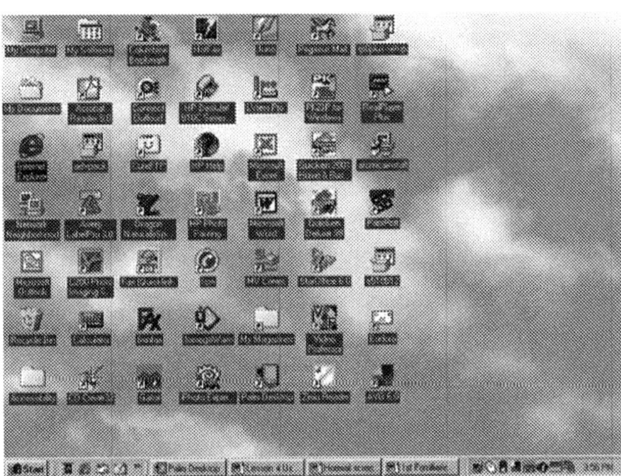

Pantalla del "Escritorio"

	Teclado	Ratón
1.	**Ctrl/Esc**	Haga clic en el icono (imagen) de **Internet Explorer**
2.	**P**	
3.	Presione **I** hasta que quede resaltado (en azul) **Internet Explorer**	
4.	**Entre** (Enter⏎)	

Entre en la página principal de Yahoo! y vaya a Correo Electrónico

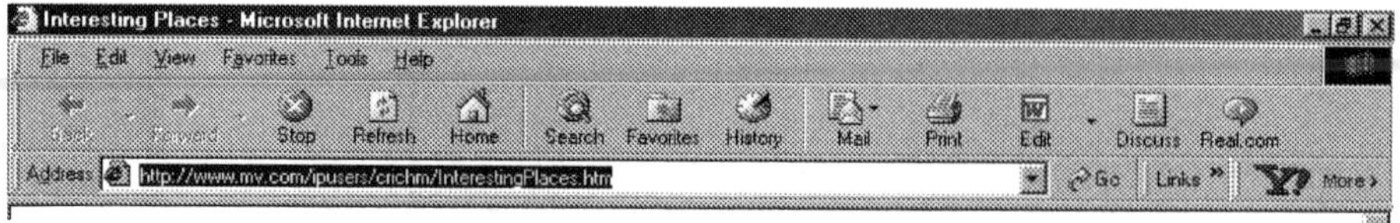

Cuadro para poner la dirección cuando ha apuntado y hecho clic en el lado derecho

	Teclado	Ratón
1.	**Alt/D**	Haga clic en el lado derecho del cuadro para poner la dirección
2.	Teclee **WWW.Mail.Yahoo.com**	Teclee **WWW.Mail.Yahoo.com**
3.	**Entre** (Enter↵)	Haga clic en el icono **Ir** (Go)

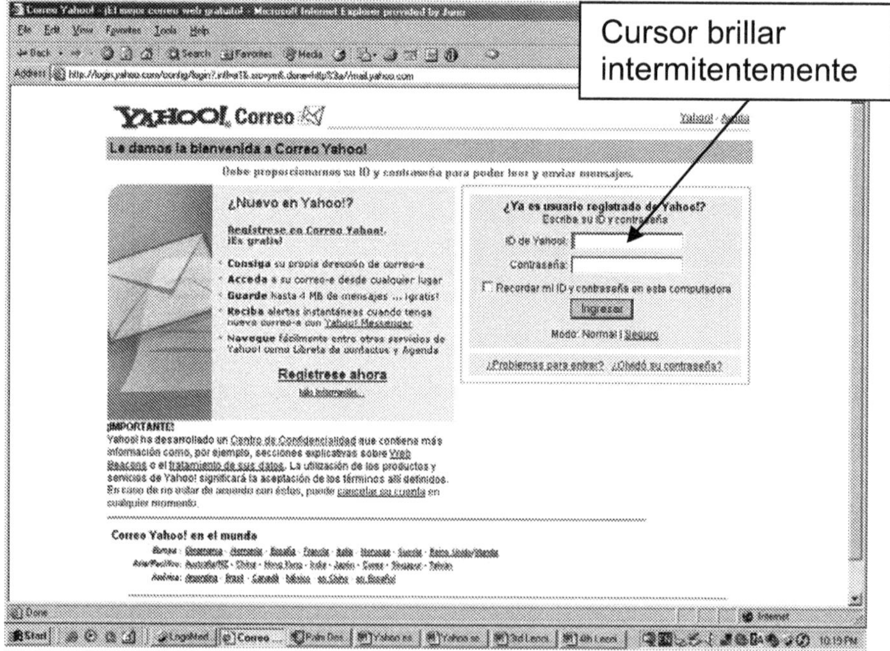

Página de entrada al correo electrónico

	Teclado	Ratón
1.	Teclee su **ID de Yahoo!:** en el cuadro vea pág. 47	Teclee su **ID de Yahoo!:** en el cuadro vea pág. 47
2.	Haga **Tab** al cuadro **Contraseño:**	Haga clic en el cuadro **Contraseño:**
3.	Teclee su **Contraseño:** vea pág. 47	Teclee su **Contraseño:** vea pág. 47
4.	**Entre**	Haga clic en el icono **Ingresar**

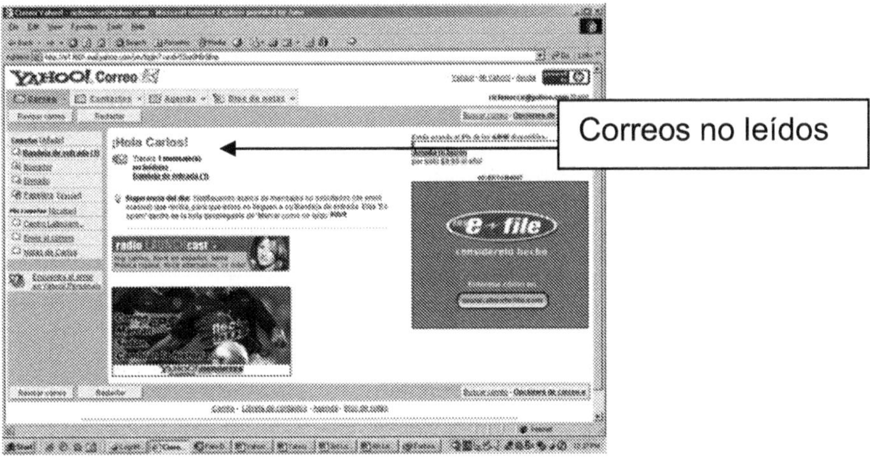

Pantalla principal de correo electrónico de Yahoo!

Si Yahoo! le dice que tiene correo por leer en su buzón, vaya a verlo.

Teclado	Ratón
1. Presione **Tab** hasta que **Bandeja de entrada** quede rodeado con un círculo punteado	Haga clic en **Bandeja de entrada**
2. **Entre**	

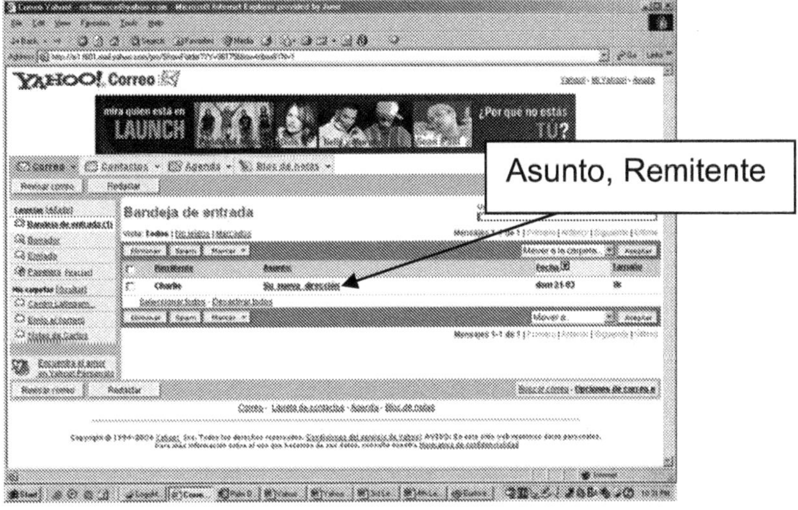

Bandeja de entrada

Lea su correo

Teclado	Ratón
1. Presione **Tab** hasta **Asunto, Remitente**	Haga clic hasta **Asunto, Remitente**
2. **Entre**	

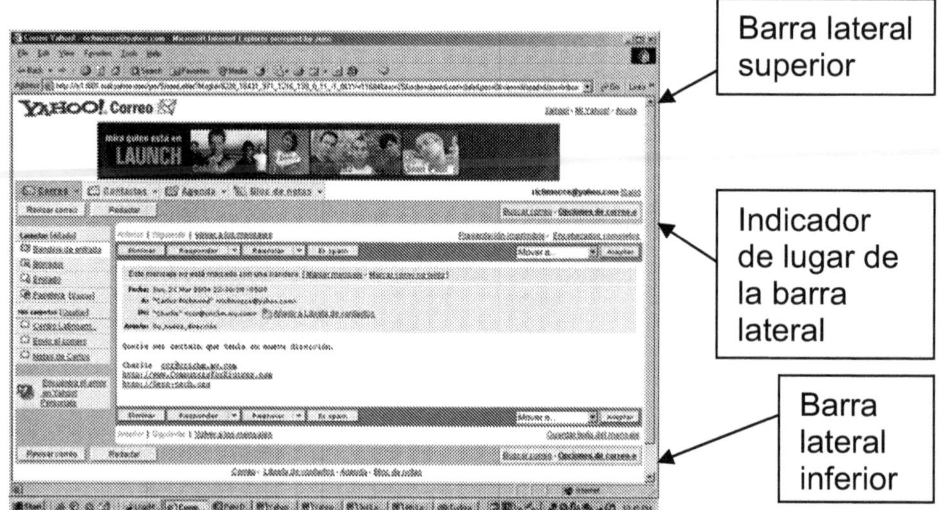

El mensaje está a punto para que lo lea … puede utilizar las flechas hacia arriba y hacia abajo para ver todo el texto

El modo más fácil de enviar un correo electrónico a alguien es "Responder" el mensaje que la persona le haya enviado… Las direcciones de correo electrónico son difíciles de escribir, así que lo más fácil es dejar que lo haga la computadora … En caso contrario, si no escribe la dirección correctamente, puede que reciba un mensaje de Daemon igual que el que acaba de ver arriba.

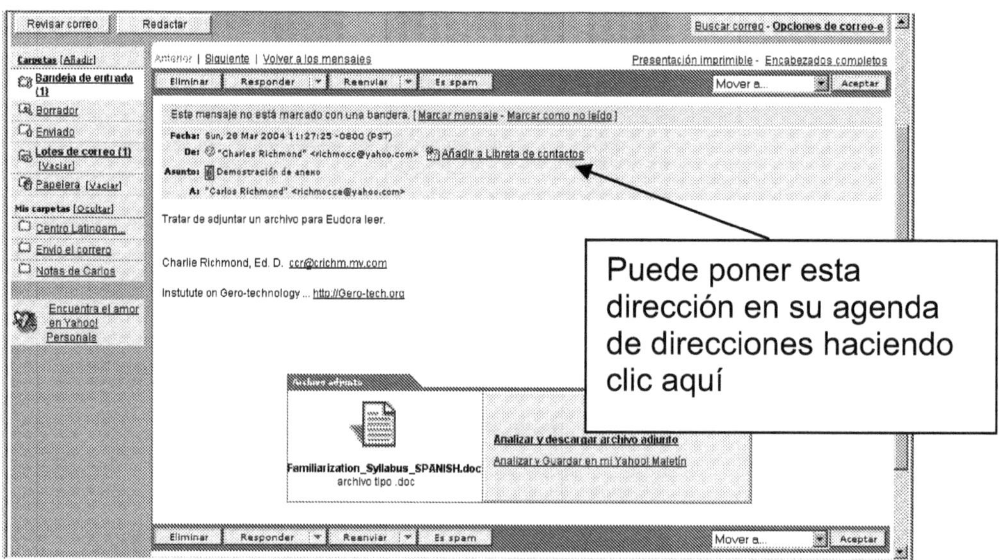

Aquí tienen un mensaje de Carlos, ¡contéstenlo!

Cómo responder a un mensaje.

	Teclado	Ratón
1.	Presione **Tab** hasta el icono **Responder**	Haga clic en el icono **Responder**
2.	**Entre**	

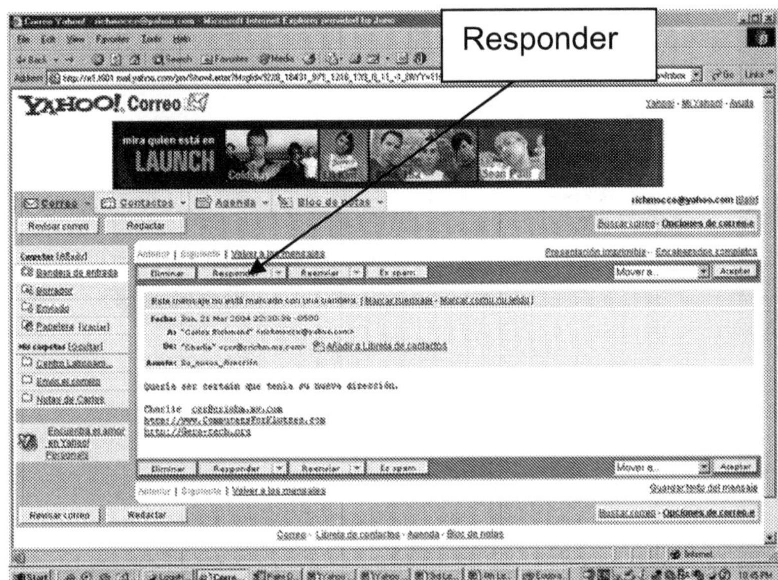

Su respuesta está punto para que usted escriba su mensaje y lo envíe

	Teclado	Ratón
3.	Presione **Tab** hasta que el cursor esté en el cuadro de **mensaje**, para que pueda empezar a escribirlo	Haga clic dentro del cuadro de **mensaje**, para que el cursor aparezca y usted pueda empezar a escribir su **mensaje**
4.	Escriba su mensaje o… "**Hola, desde la clase de computación. Estamos utilizando este mensaje para mostrar cómo enviar una respuesta a un correo electrónico. Esta es una forma de asegurarse de que su carta llegará a la persona que usted quiere que la reciba.**"	Escriba su mensaje o… "**Hola, desde la clase de computación. Estamos utilizando este mensaje para mostrar cómo enviar una respuesta a un correo electrónico. Esta es una forma de asegurarse de que su carta llegará a la persona que usted quiere que la reciba.**".
5.	Presione **Tab** 5 veces hasta llegar al icono **Enviar**	Haga clic en el icono **Enviar**
6.	**Entre**	

Cuando le digan que su mensaje se ha enviado correctamente… significa que su mensaje llegó a su destino. Tiene la posibilidad de guardar la dirección de correo electrónico de la(s) persona(s) a quien(es) lo envió. Así que si no guardó la dirección cuando recibió el mensaje, ahora puede hacerlo. Las direcciones de correo son difíciles de escribir, porque deben estar perfectamente escritas para llegar a su punto de destino. Si tiene una agenda de direcciones se evitará muchos errores.

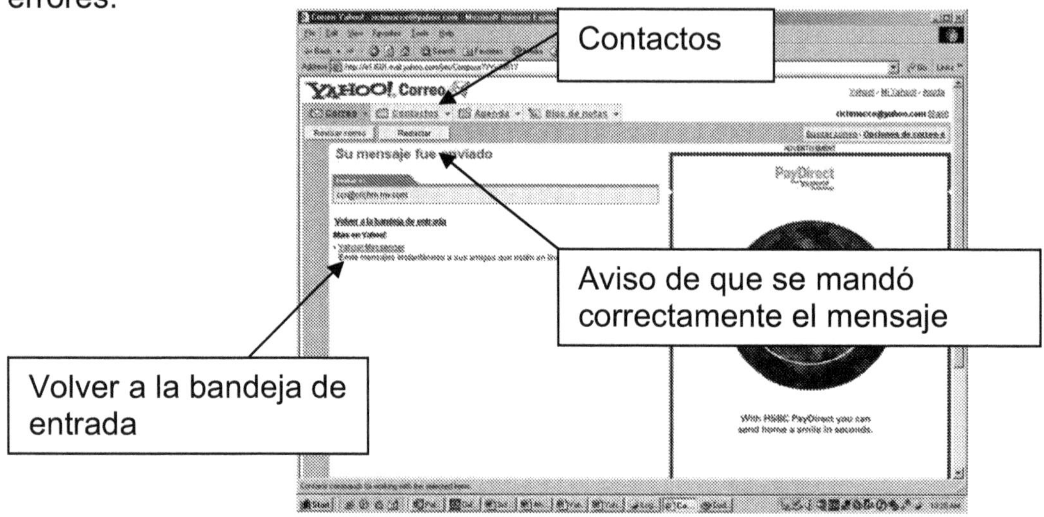

Pantalla con los mensajes enviados

Le hemos enseñado dos formas de hacer que su computadora guarde una dirección de correo electrónico… cuando está en la pantalla para leer mensajes y cuando está en la pantalla de mensajes enviados. Hay una tercera forma de hacerlo, pero es la más difícil, porque depende de que usted no cometa errores al hacerlo.

	Teclado	Ratón
1.	Presione **Tab** hasta **Contactos**	Haga clic en **Contactos**
2.	**Entre**	

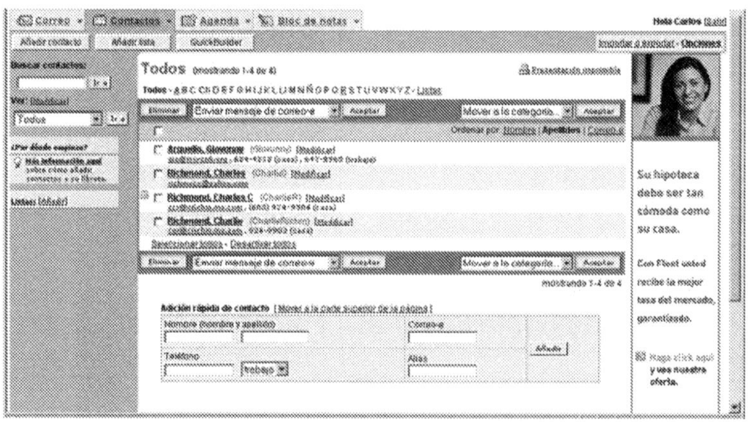

Pantalla de la agenda de direcciones

Uso adición rápida de contacto para las anotaciones

Nombre	Apellido	Correo electrónico	Alias
Harold	Marquis	hmarq@example.com	Harry
Hannah	Payter	hzpr@example.com	Nan
Marsha	Mellow	marshmellow@example.com	Marty
Charles	Richmond	ccr@acad.umass.edu	Chaz
Donald	Stewart	saberstrew@aol.com	Don
Leo	Glasheen	laglasheen@exampl.juno.com	Leo
Michael	Spinnelli	Ml1123@worldnet.att.net	Mike
Ralph	Lavoie	rel@example.com	Ralph

Así es cómo se pone cada nombre.   Sólo tiene que repetir los pasos 4 al 10 para cada añadir contacto. Usted necesitará use que su flecha que baja indique la forma de dirección después de que usted presiona el botón en **Añadir**.

	Teclado	Ratón
1.	Presione **Tab** a las palabras **<u>Añadir a Libreta de contactos</u>**	Haga clic las palabras **<u>Añadir a Libreta de contactos</u>**
2.	**Entre**	
3.	Presione **Tab** hasta **Nombre**	Haga clic en **Nombre**
4.	Escriba el **nombre** de la persona que quiere grabar en su agenda de direcciones	Escriba el **nombre** de la persona que quiere grabar en su agenda de direcciones
5.	Presione **Tab** hasta **Apellido**	Haga clic en **Apellido**
6.	Presione dos veces **Tab** en el cuadro de **Correo-e**	Haga clic en el cuadro de **Correo-e**
7.	Escriba la **Dirección de Correo Electrónico**	Escriba la **Dirección de Correo Electrónico**
8.	Presione dos veces **Tab** en **Alias**	Haga clic en **Alias**
9.	Escriba el **Alias** que quiera para esta persona	Escriba el **Alias** que quiera para esta persona
10.	Presione **Shift/Tab** 3 veces al botón **Añadir**	Haga clic al botón **Añadir**

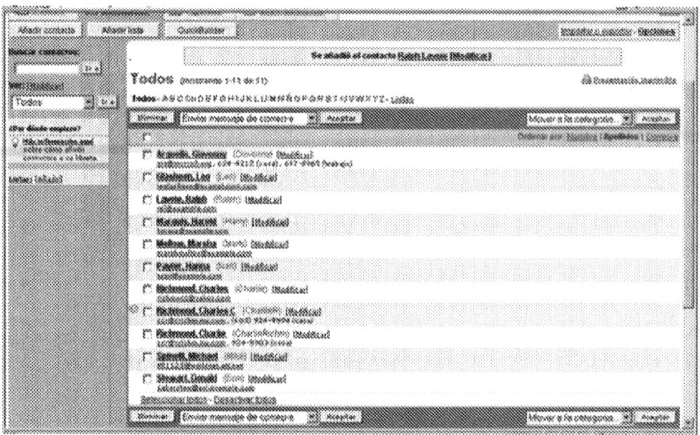

La libreta de direcciones está terminada

Enviar sus correos utilizando la Agenda de Direcciones.

	Teclado	Ratón
1.	Presione **Tab** hasta	Haga clic en **Direcciones**
2.	**Entre**	

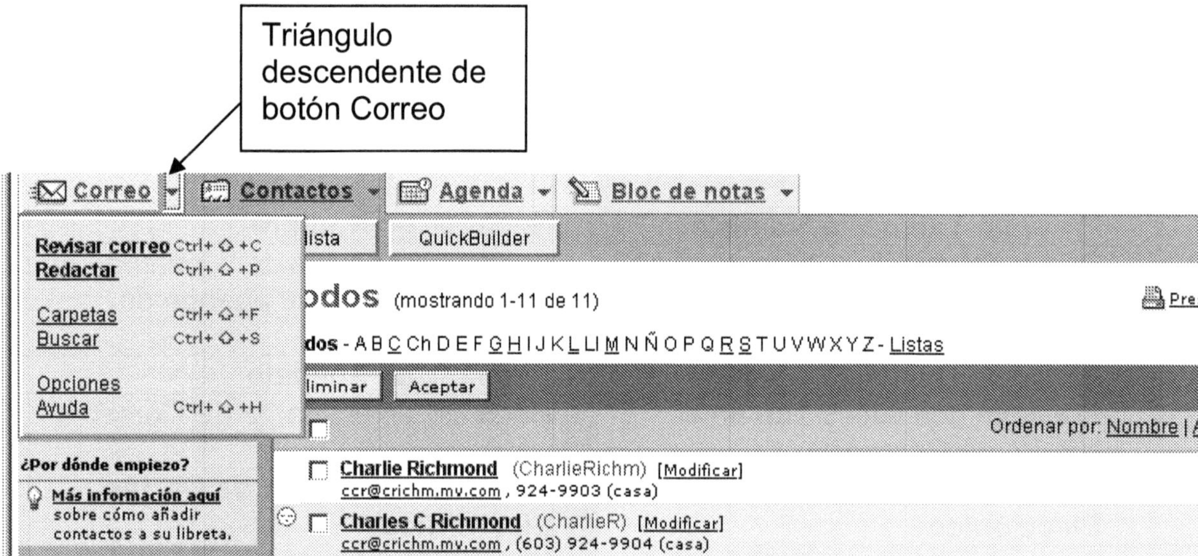

	Teclado	Ratón
1.	Presione **Tab** hasta triángulo descentente de botón **correo**	Haga clic en triangulo descentente de botón **correo**
2.	Clic **Redactar**	Clic **Redactar**

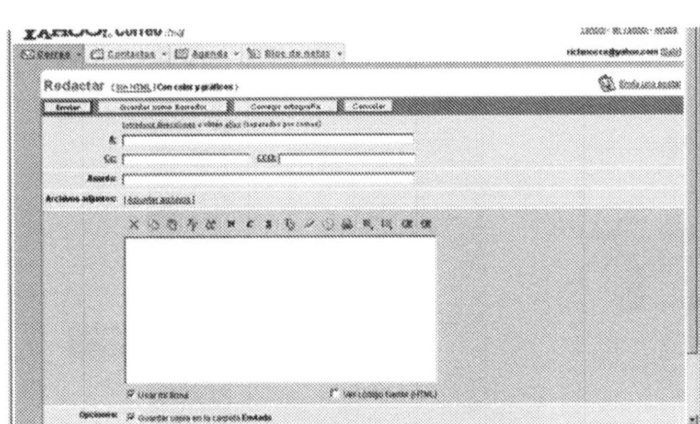

Escriba la pantalla

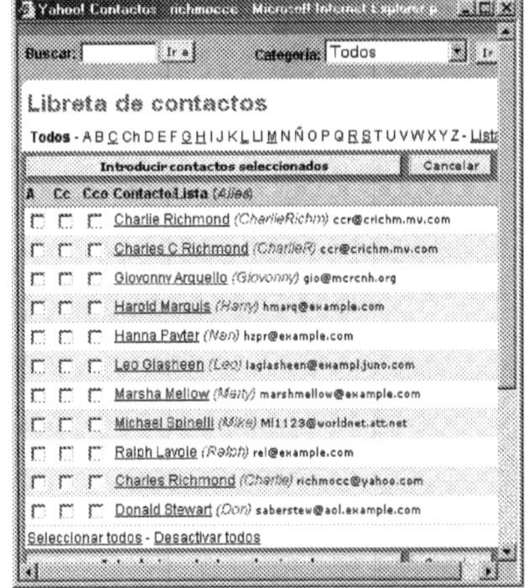

Libreta de contactos

	Teclado	Ratón
1.	Presione **Tab** en el cuadro "**A**" que está a la izquierda de la dirección que quiere utilizar	Haga clic en el cuadro "**A**" que está a la izquierda de la dirección que quiere utilizar Aparece la marca √ en el cuadro.
2.	Utilice el ratón para hacer clic en el cuadro. Aparecerá la marca √ en el cuadro.	
3.	Presione **Shift/Tab** 2 veces en el botón **Introducir contactos seleccionados**	Haga clic en el botón **Introducir contactos seleccionados**
4.	**Entre**	

Agenda de direcciones

Si ahora tiene los nombres de muchas personas a las que quiere enviar un solo mensaje … hay un par de maneras de hacerlo

Si solo quiere enviar (o reexpedir) algo a muchos de sus amigos, puede elegir la gente para enviar, enviar copia o enviar copia sin que se vea el nombre.

	Teclado	Ratón
1.	Presione **Tab** para ir al cuadro **A:** del primer nombre que quiera poner	Haga clic en el cuadro **A:** en el primer nombre que quiera poner
2.	**Entre**	
3.	Repita los pasos 1 y 2 para cada nombre que quiera poner.	Repita los pasos 1 y 2 para cada nombre que quiera poner.
4.	Presione **Shift/Tab** para ir el botón **Introducir contactos seleccionados**	Haga clic en el botón **Introducir contactos seleccionados**
5.	**Entre**	

Si cree que puede que quiera enviar muchos correos electrónicos al mismo grupo de personas, puede crear una Nueva Lista (**New List**) de personas. *Sin embargo, estas personas ya deben estar en su agenda de direcciones.*

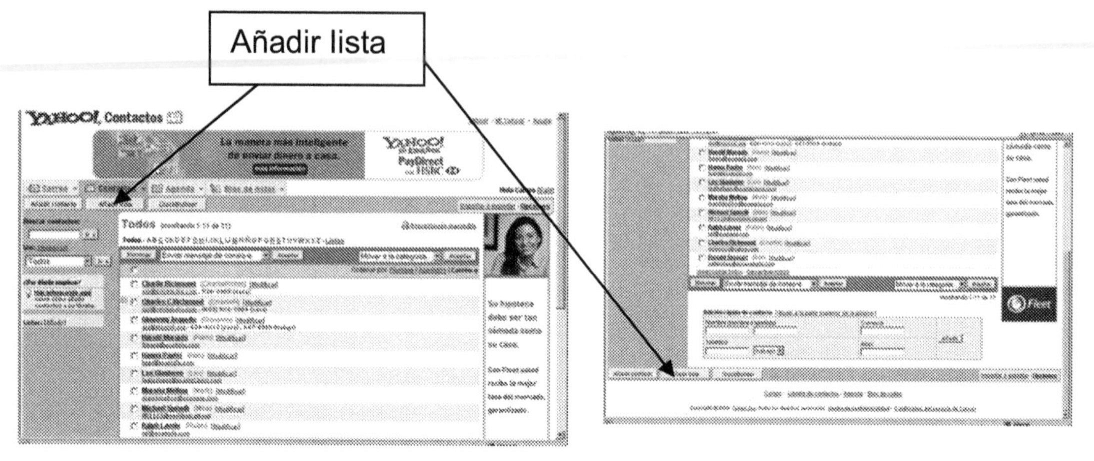

Página de la Agenda de direcciones

Teclado	Ratón (Mouse)
1. Presione **Tab** para ir **el Botón de Añadir lista**	Haga clic en **el Botón de Añadir lista**
2. **Entre**	

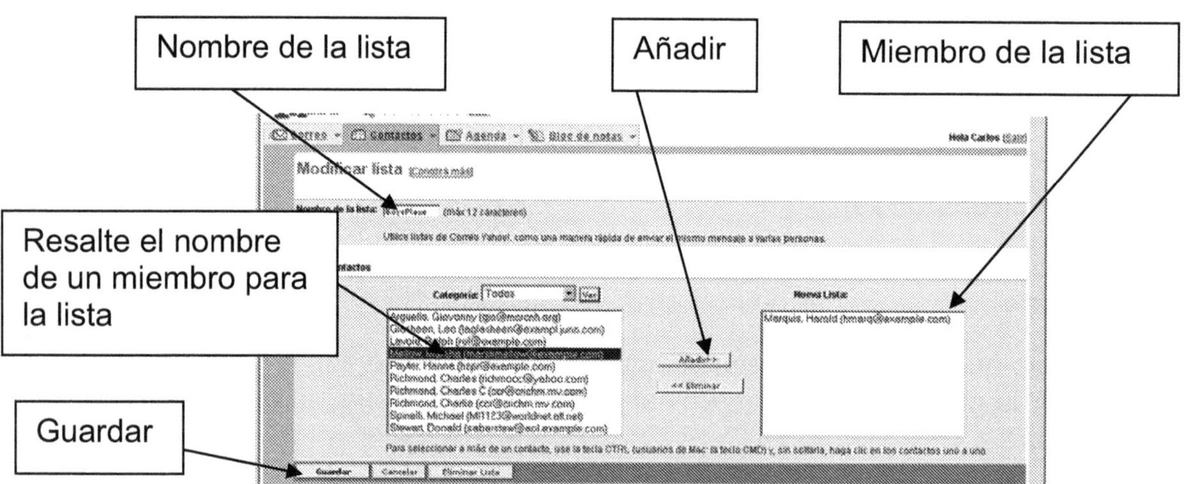

Pantalla para Añadir Lista en la Agenda de Direcciones

Teclado	Ratón
1. Presione **Tab** en el cuadro **Nombre de la lista**	Clic en el cuadro **Nombre de la lista**
2. Teclee el nombre de la lista … **BoysPlace** Fíjese que no hay espacio entre las dos palabras	Teclee el nombre de la lista … **BoysPlace** Fíjese que no hay espacio entre las dos palabras

	Teclado	Ratón
1.	Presione **Tab** en el cuadro **Añadir miembros**	
2.	Utilice las teclas de dirección para **resaltar** el nombre de la persona que quiere añadir a la lista	Haga clic en el nombre de la persona que quiere añadir a la lista
3.	Presione **Tab** para ir al icono **Añadir**	Haga clic en el icono **Añadir**
4.	**Entre**	
5.	Repita los pasos 2 – 4 para cada nuevo **Miembro de la Lista**	Repita los pasos 2 y 3 para cada nuevo **Miembro de la Lista**
8.	Presione **Tab** para **Guardar**	Haga clic en **Guardar**
9.	**Entre**	

Escriba y envíe algunos mensajes de correo electrónico... utilice su agenda de direcciones para poner las direcciones de correo electrónico.

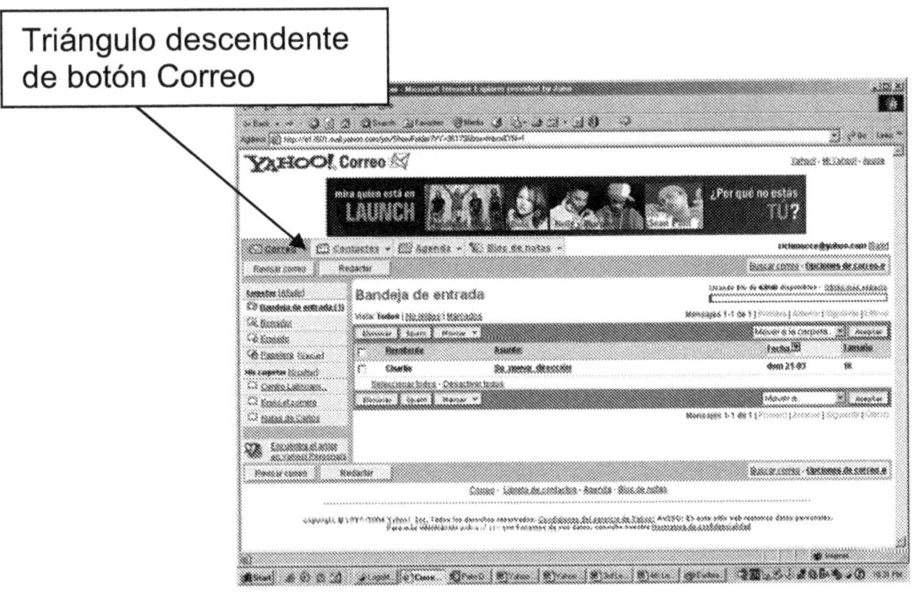

	Teclado	Ratón
1.	Presione **Tab** hasta triángulo descentente de botón **correo**	Haga clic en triangulo descentente de botón **correo**
2.	Clic **Redactar**	Clic **Redactar**

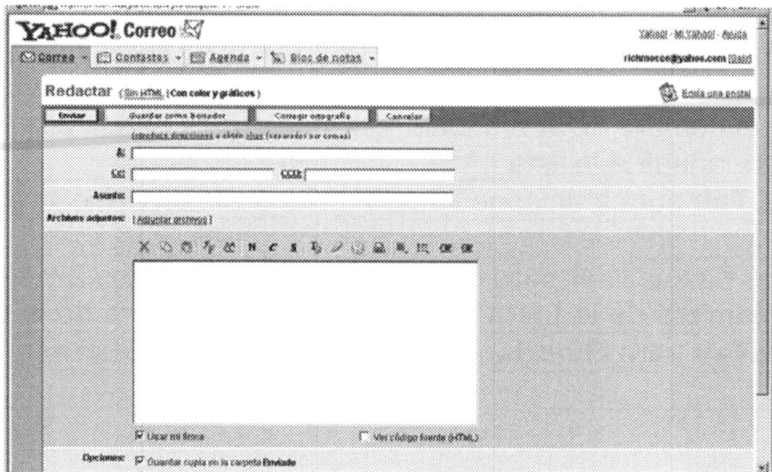

Escriba la pantalla

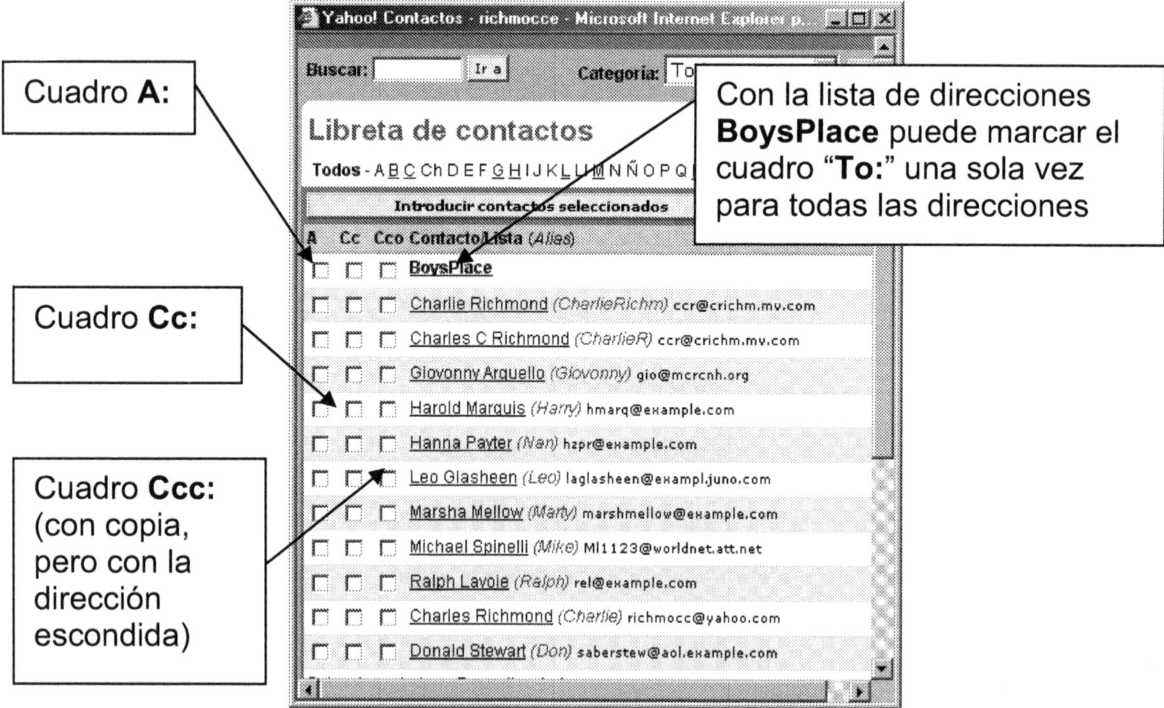

Fíjese que está viendo una presentación especial de la Agenda de Direcciones. La puede utilizar para enviar correos electrónicos

Puede hacer que Yahoo! ponga las direcciones … ya debe tener las direcciones guardadas en la Agenda de direcciones. No hay límite para lo que usted puede pedirle a la computadora que haga. Sin embargo, aunque utilice la tecla **Tab** para marcar un cuadro, tiene que utilizar el ratón para marcarlo.

Quiero que envíe este correo electrónico a la lista **BoysPlace** y que envíe copias a un par de personas más. No hay límite para las listas a las que usted puede enviar un solo mensaje.

Teclado		Ratón
1.	Haga clic en el cuadro **A:** para **BoysPlace**	Haga clic en el cuadro **A:** para **BoysPlace**
2.	Haga clic en el cuadro **Cc:** para **Pat**	Haga clic en el cuadro **Cc:** para **Pat**
3.	Haga clic en el cuadro **Bcc:** para **CharlieR**	Haga clic en el cuadro **Bcc:** para **CharlieR**
4.	Teclee las palabras que están a continuación en los sitios correctos de la plantilla **Redactar**	Teclee las palabras que están a continuación en los sitios correctos de la plantilla **Redactar**
5.	Presione **Tab** para ir al icono **Enviar**	Haga clic en el icono **Enviar**
6.	**Entre** (Enter↵)	

Aquí tiene el mensaje que debe escribir en la plantilla Redactar …

Asunto: Escribir mensajes para personas nuevas antes de que ellos le manden un mensaje a usted.

Sólo quiero decirle que ahora estoy en casa y que quisiera empezar a intercambiar mensajes con usted. Ha pasado bastante tiempo desde que hablamos por teléfono. El viaje fue muy divertido, pero ahora que estamos en casa debo decir que estoy contento de estar aquí.

Contésteme cuando pueda. Podemos continuar nuestra conversación sobre qué vamos a hacer a partir de ahora.

Escriba su nombre aquí

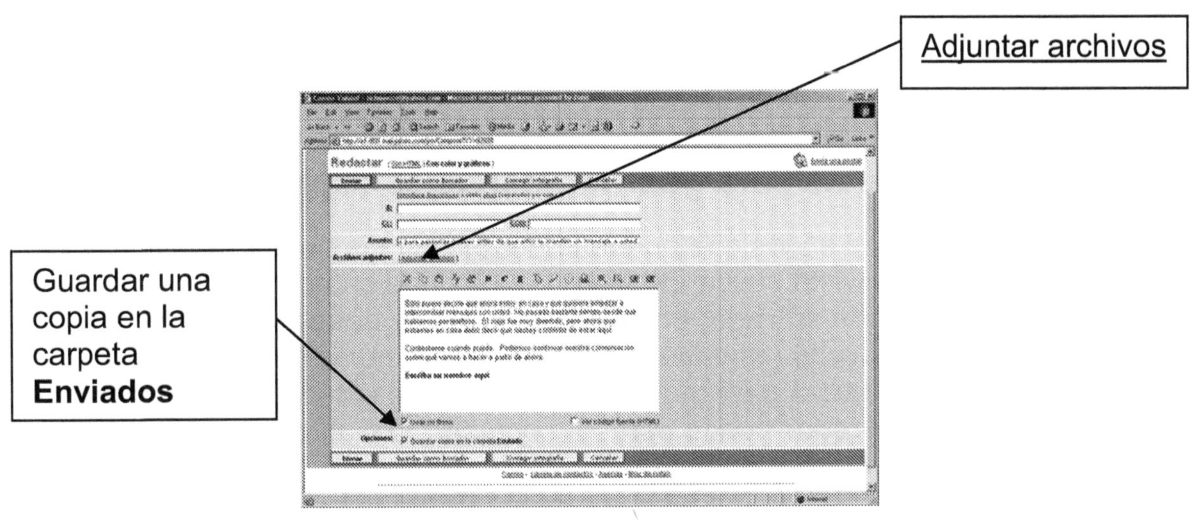

La pantilla redactar

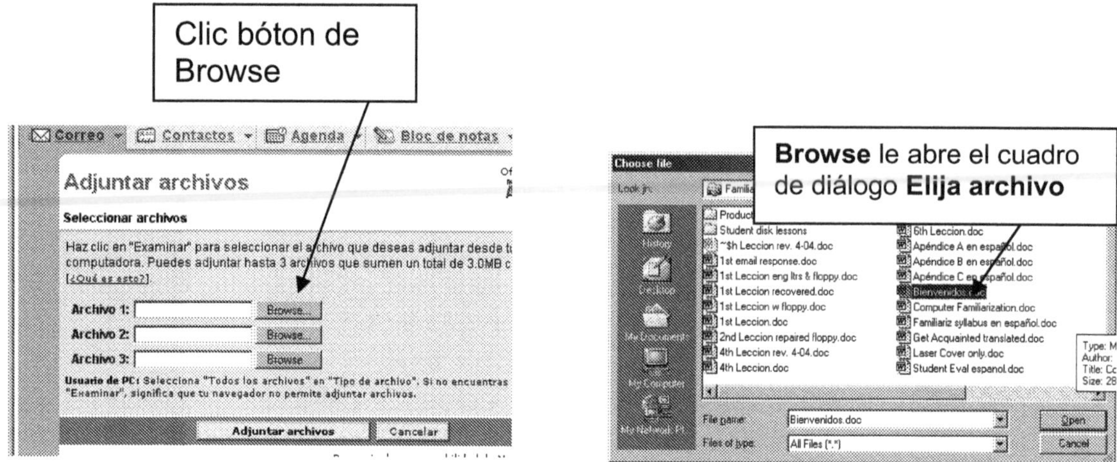

Adjuntar una imagen u otro documento a su correo electrónico

	Teclado	Ratón
1.	Presione **Tab** para ir a **Adjuntar archivos**	Haga clic en **Adjuntar archivos**
2.	**Entre**	
3.	Presione **Tab** hasta el icono **Browse**	Haga clic en el icono **Browse**
4.	**Entre**	
5.	Utilice el cuadro de diálogo **Elegir archivo** (Choose File) para encontrar la imagen o documento que quiere adjuntar a su correo electrónico	Utilice el cuadro de diálogo **Elegir archivo** (Choose File) para encontrar la imagen o documento que quiere adjuntar a su correo electrónico
6.	Presione **Tab** para ir al bóton **Open**	Haga clic al bóton **Open**
7.	Repita los pasos 3 – 6 para cada archivo adicional que quiera adjuntar	
8.	Presione **Tab** para ir al icono **Adjuntar Archivo**	Haga clic en el icono **Adjuntar Archivo**
9.	**Entre**	
10.	Presione **Tab** hasta el icono **Finalizar**	Haga clic en el icono **Finalizar**
11.	**Entre**	

Cómo utilizar carpetas para guardar mensajes especiales

Las carpetas son lugares en los que puede poner cosas que quiera guardar o que quiera consultar cuando esté buscando algo. Yahoo tiene cuatro carpetas de correo estándares… **Bandeja de entrada, enviado, borrador y basura**. La función de la carpeta **Bandeja de entrada** (es donde se guardan los mensajes que ha recibido). La carpeta **enviado** se utiliza para guardar mensajes que usted envía y que quiere guardar. La carpeta **borrador** puede parecer confusa… Se utiliza para guardar los correos electrónicos que usted no ha terminado de escribir y que quiere guardar hasta que tenga tiempo de terminarlos. La carpeta **Papeleria** es el lugar donde

Yahoo envía los mensajes que usted ha borrado. Esta carpeta *se vacía* cada vez que usted cierra el programa.

Así se hace que Yahoo! cree carpetas especiales

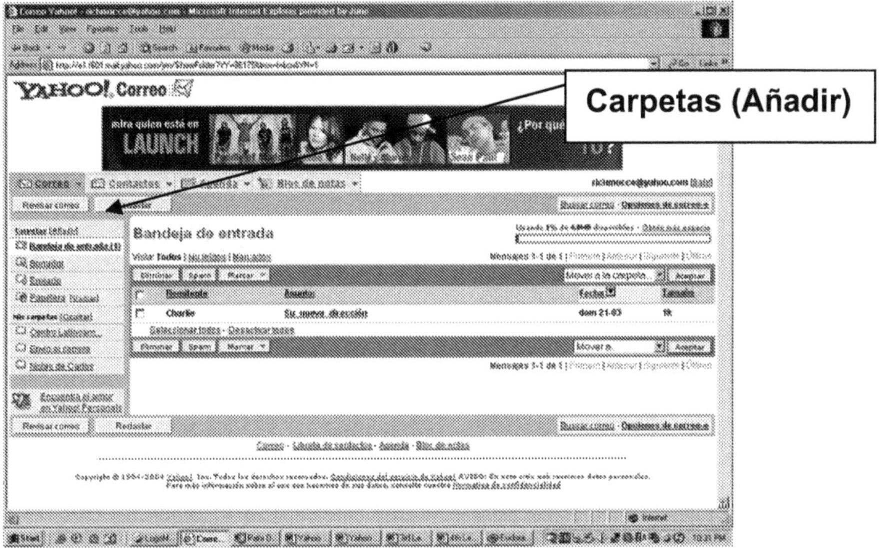

	Teclado	Ratón
1.	Presione **Tab** para ir a **Carpetas (Añadir)**	Haga clic en **Carpetas (Añadir)**
2.	**Entre**	

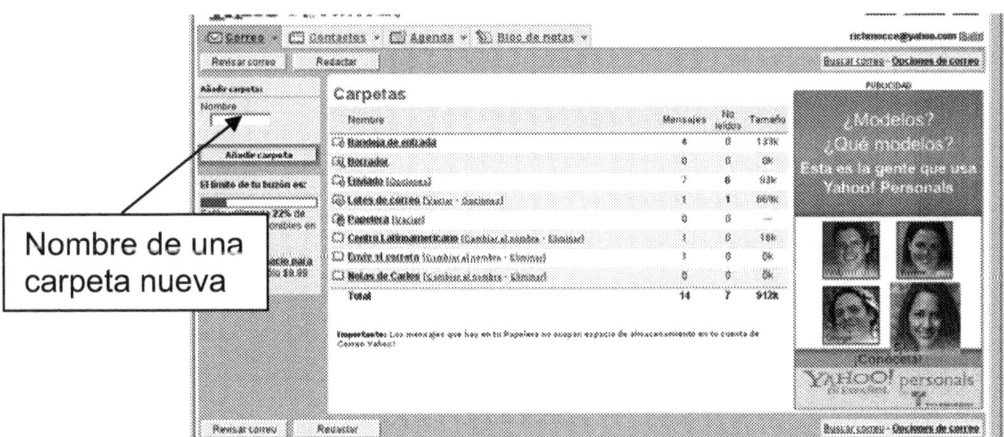

Pantalla de carpetas

	Teclado	Ratón
1.	Presione **Tab** para ir al cuadro **Nombre**	Haga clic en el icono **Nombre**
2.	Teclee el nombre de la **Carpeta**	Teclee el nombre de la **Carpeta**
3.	**Entre**	Haga clic en **Añadir carpeta**

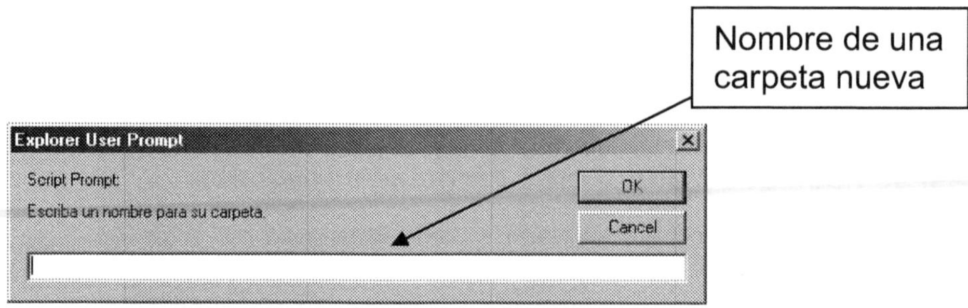

Pantalla Añadir

	Teclado	Ratón
1.	Teclee el nombre de la **carpeta**	Teclee el nombre de la **carpeta**
2.	**Entre**	Haga clic en el icono **OK**

Tanto **Bandeja de entrada** como le permiten mover un mensaje a cualquier **carpeta.**

Las pantallas **Redactar, Responder** y **Reenviar** le permiten guardar una copia del mensaje actual en la carpeta **Envio el correro** y **Borrador.**

Hay **opciones** disponibles para hacer cosas como estas:
- Permitirle cambiar su contraseña (password) ... algo que debería hacer varias veces al año para asegurarse de que sus archivos (files) están protegidos.
- Cambiar su pregunta secreta, que es el sustituto para cuando no pueda recordar su contraseña
- Puede evitar mensajes que no quiera que le hagan perder el tiempo diciéndole a Yahoo! que los bloquee
- Puede hacer que los mensajes que llegan se guarden en carpetas especiales, para que sólo tenga que revisar una lista corta de mensajes si es que le llegan muchos correos
- Puede hacer que Yahoo! compruebe su correo electrónico desde otros lugares, como su ISP cuando está fuera de la ciudad.
- Puede crear una firma especial con imágenes ASCII o de otra forma. Esto le permite decirle a Yahoo! que añada su firma a su mensaje cuando quiera.

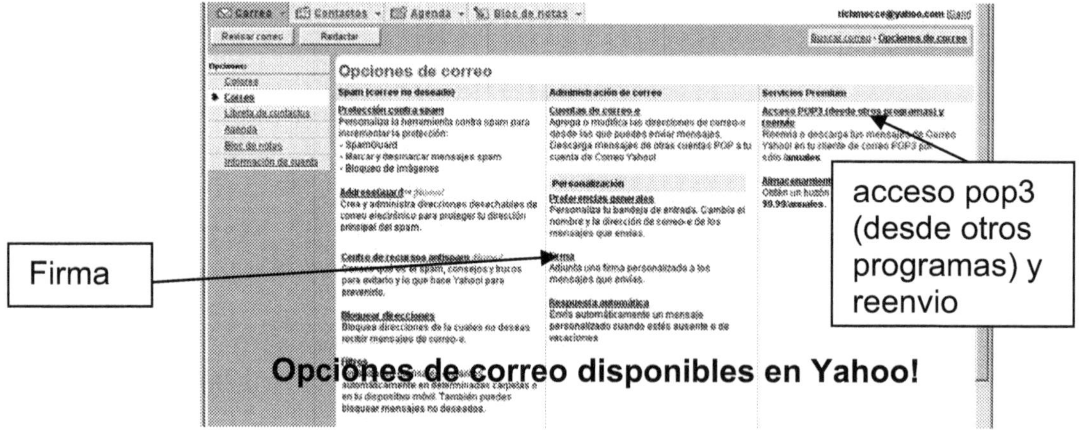

Opciones de correo disponibles en Yahoo!

Cree una firma para que aparezca en todos sus mensajes. El formato le permite crear una firma de 7 líneas de longitud. Un tamaño tan grande le permite hacer un dibujo utilizando caracteres ASCII. Esto a veces puede ocupar mucho espacio.

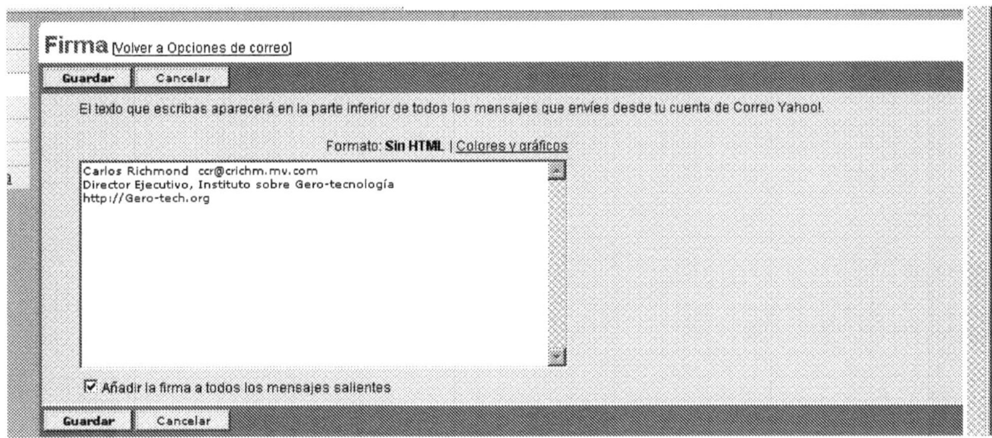

Visite: http://users.inetw.net/~mullen/ascii.htm

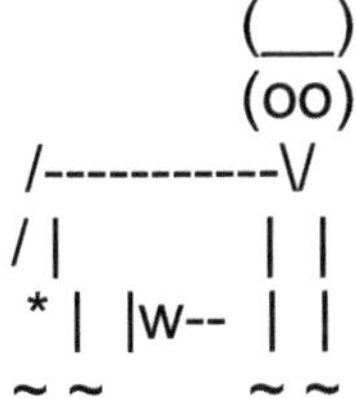

Cuando haya creado una obra de arte como esta puede que no quiera hacerlo muchas veces más, pero puede que quiera que forme parte de su firma.

Utilizando los buscadores
Lección 5

Gopher, Mosaic y ahora los buscadores

El progreso empezó cuando se estableció un sistema de comunicaciones que pudiera aguantar la sofisticación de Internet. Los buscadores, que pueden ir a un lugar, encontrar cosas que hay allí y llevarlas a su propia computadora, son un ejemplo de esta sofisticación. Empezó con Gopher, que podía cambiar una dirección (reemplazándola con algo que la gente pueda entender fácilmente) y progresó con los iconos de Mosaic (imágenes de lugares a los que ir). Hoy en día, utilizamos programas como:

Netscape	Opera	Surf Monkey (bloquea material para adultos)
Internet Explorer		Arachne (Sistema operative DOS)

Con las computadoras que tienen Windows 95 y 98 tiene que conectarse a su Proveedor de Servicios de Internet (**ISP**) antes de poder utilizar el buscador (Browser). Asumimos que este es el caso de su computadora.

Empiece su sesión con el buscador (Browser)*

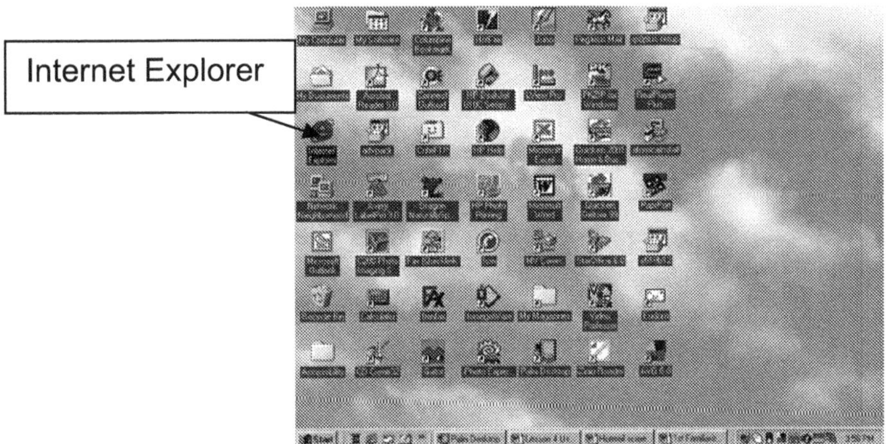

Pantalla de apertura del Escritorio ("Desktop")

	Teclado (Keyboard)	Ratón (Mouse)
1.	**Ctrl/Esc**	Haga doble clic en el icono **Internet Explorer**
2.	**P**	
3.	I muchas veces en **Internet Explorer**	
4.	2. Enter↵	

* La explicación de cómo abrir Netscape o Opera utilizando el teclado es algo complicada, así que aquí no lo haremos. Normalmente es muy fácil abrir estos buscadores, porque sus iconos acostumbran a aparecer en su "escritorio", de modo que se pueden abrir de la misma manera que cuando usamos el método del **ratón** para abrir **Internet Explorer**.

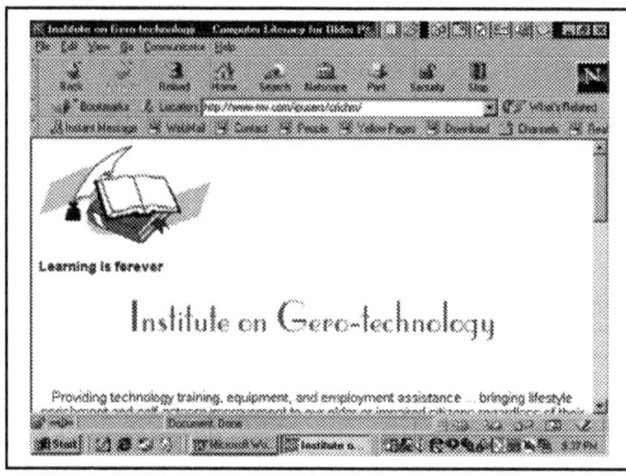

Netscape

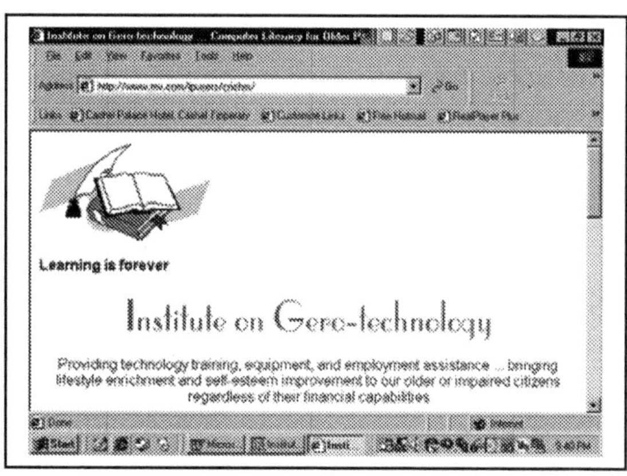

Internet Explorer

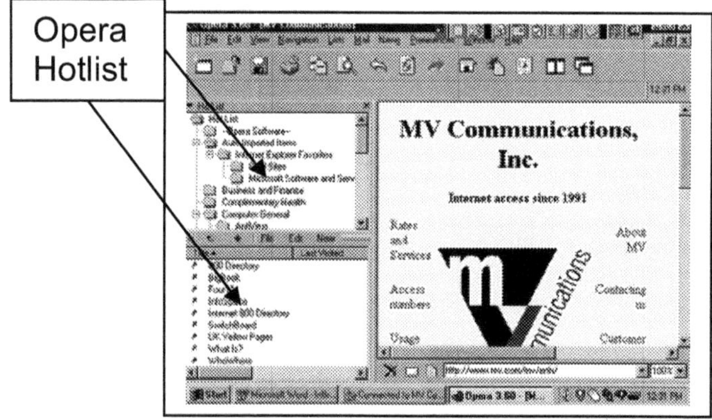

Opera
Hotlist de Opera cerrada

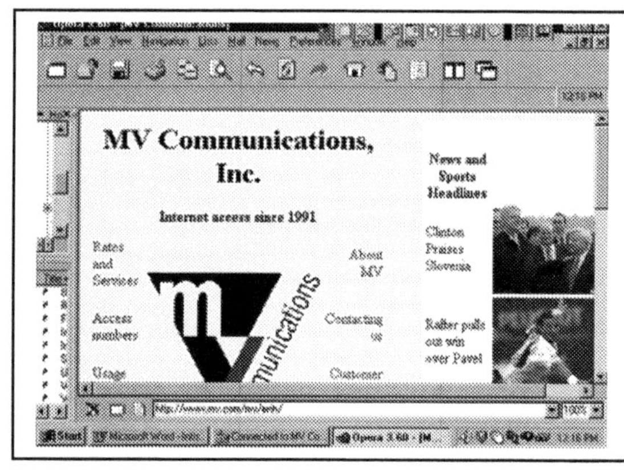

Como puede ver en estas imágenes, todos los buscadores tienen más o menos la misma apariencia. Cada uno tiene características que le distinguen de los otros. Netscape tiene un sistema muy complejo para hacer que muchas operaciones estén disponibles. Opera (que se desarrolló en Norway) puede que sea el más rápido, porque no está sobrecargado con opciones especiales. Por ejemplo, Opera no tiene correo electrónico incorporado, pero le sugiere que utilice uno de los "clientes" de correo electrónico disponibles. Le da un listado de posibles lugares para ir. La hotlist de Opera se despliega cuando quiere utilizarlo y lo cierra para que haya más espacio en la pantalla principal cuando ya no lo necesita. Para hacer esto tiene que poner el **puntero del ratón** en uno de los marcos verticales, moviéndolo hasta que cambia de un puntero a una flecha de doble cabezal y entonces manteniendo el botón izquierdo de su ratón apretado, moviendo el marco a la izquierda para cerrarlo o el de la derecha para hacerlo más grande.

Surf Monkey

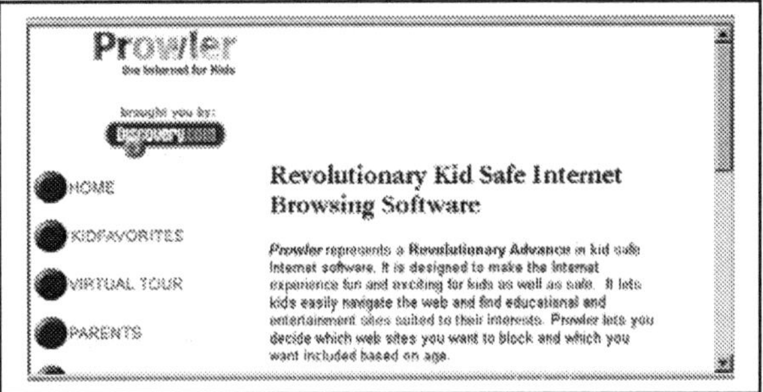

Prowler

Surf Monkey es un programa que trabaja con su buscador. Limita la posibilidad de que los niños entren en cualquier parte de Internet. Los sitios permitidos se han examinado especialmente para que los usen los jóvenes. Como puede ver en la pantalla anterior de Surf Monkey, se ha diseñado para que les guste a los niños. Tiene un interruptor protegido con una contraseña para prenderlo y apagarlo.

Prowler funciona de forma bastante parecida. Está disponible para utilizarlo junto conInternet Explorer. Sin embargo, ofrece algunas protecciones que Surf Monkey no tiene… tiene un chip V virtual para evitar que se vea material para adultos. También tiene una contraseña para evitar que se utilice material para adultos sin permiso.

Prepare su Página Principal para cuando reinicie

Es una buena idea elegir su propia Página Principal de ISP para cuando entre en Internet. Muchas veces, su proveedor tendrá mensajes especiales para sus clientes que usted podrá leer para asegurarse de que recibe los servicios correctos. Otras veces, puede que quiera ver algunos de los Grupos de Noticias (News Groups) a los que su proveedor está suscrito por usted. **¡Es más fácil hacerlo cuando tiene su propia Página Principal ISP en pantalla!**

Utilicemos los lugares interesantes de Gero-tech como página principal.

	Internet Explorer	Netscape	Opera
1.	Haga clic en el cuadro **Dirección** (<u>A</u>ddress)	Haga clic en el cuadro **Netsite**	Haga clic en el icono **Remote**
2.	Teclee **Gero-tech.Org**	Teclee **Gero-tech.Org**	Teclee **Gero-tech.Org**
3.	**Enter⏎**	**Enter⏎**	**Enter⏎**

Cuando la página principal de Gero-tech ha terminado de "**cargarse**", el que está al lado del icono de abajo dirá "Hecho" (Done)

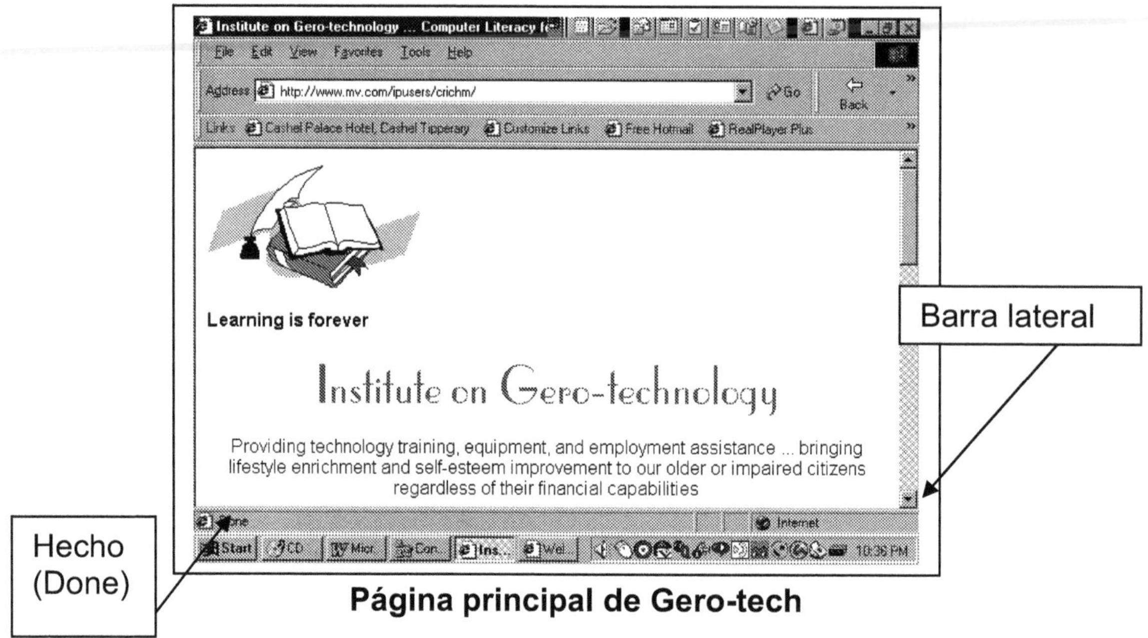

Página principal de Gero-tech

Utilicemos los lugares interesantes de Gero-tech como página principal.

	Internet Explorer	Netscape	Opera
1.	Presione **Ctrl/End**	Presione **Ctrl/End**	Presione **Ctrl/End**
2.	....	Haga clic en **Interesting Places**	....
3.	Haga clic en **Tools**	Haga clic en **Edit**	Haga clic en **Navegar** (Navigate)
4.	Haga clic en **Internet Options**	Haga clic en **Preferences**	Haga clic en **Set Home**
5.	Haga clic en **General**	Haga clic en **Home page**	Haga clic en **Use Current** (home)
6.	Haga clic en **Use Current**	Haga clic en **Current page**	Haga clic en **Use Current** (global)
7.	Haga clic en **OK**	Haga clic en **OK**	Haga clic en **OK**

Veamos algo en Internet

Empiece mirando los **Lugares Interesantes** (Interesting Places) de la lista de Gero-tech **Interesting Places**. Están listados por categorías, para hacérselo más fácil. Estas categorías son:

Economía y negocios	Publicaciones periódicas, libros
Gobierno	Escuelas, universidades
K-12 Educación	Buscadores y listas
Bibliotecas y museos	Software
Recursos médicos	Deporte
Antiguos americanos	Viajes
Tutoriales e instrucciones	Estaciones de radio y televisión

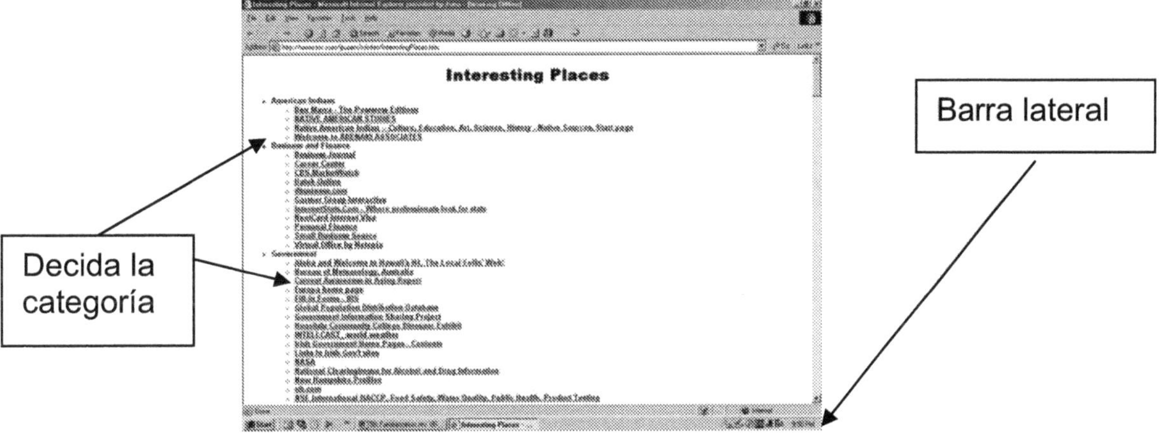

Ahora mire la lista de lugares y elija un lugar para visitar

	Teclado (Keyboard)	**Ratón** (Mouse)
1.	**Page Dn** hasta que vea la cabecera de **recursos médicos** (Medical Resources)	Con la barra lateral móvil (**Elevator down button**) baje hasta que vea **recursos médicos** (Medical Resources)
2.	Baje con la **flecha de dirección** (Down Arrow) hasta que llegue a **RxList**	Continúe bajando con la barra lateral hacia abajo hasta que vea **RxList**
3.	**Enter↵**	Haga clic en **RxList**

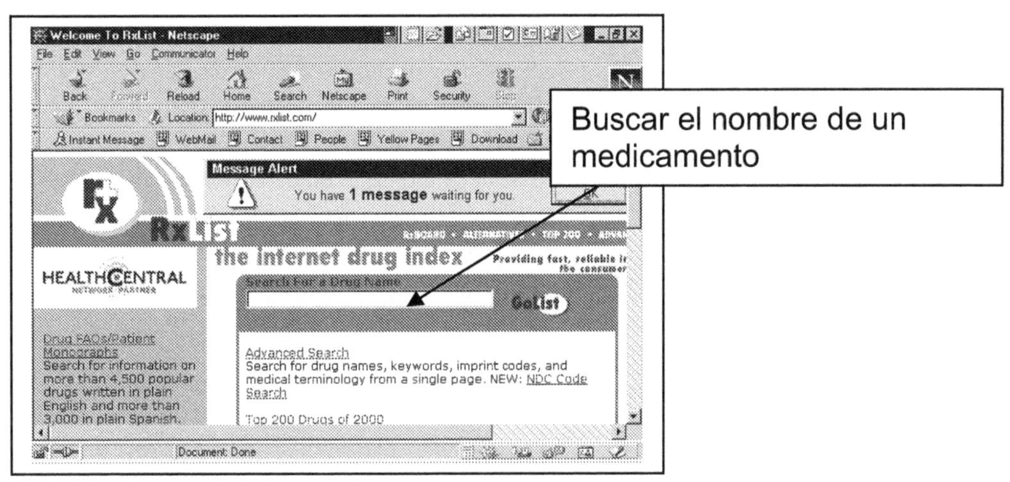

Página principal de Rx List
Ahora busquemos algo específico sobre medicamentos que estamos tomando

Teclado (Keyboard)		**Ratón** (Mouse)
1.		Haga clic en el cuadro **Search for Drug Name (buscar el nombre de un medicamento)**
2.	Teclee el nombre de un medicamento que esté tomando. Para esta demostración, yo utilizaré **Proscar**	Teclee el nombre de un medicamento que esté tomando. Para esta demostración, yo utilizaré **Proscar**
3.	**Enter↵**	Haga clic en **GoList**
4.	Encuentre su medicamento específico en la lista que aparece en la pantalla … utilice **Página siguiente** (Page Dn) o baje con las teclas de dirección (Down Arrow)	Encuentre su medicamento específico en la lista que aparece en la pantalla … utilice el puntero de su ratón para llegar allí
5.	**Enter↵**	Haga clic en el **Nombre** (Name) que quiera

Search results for 'PROSCAR':
When generic drug name is hyperlinked it will lead to the full prescribing information. Full prescribing information is not yet available on RxList for every generic drug, however, new information is being added regularly. The FAQ provides patient education information.

Brand Name: PROCRIT
Generic Name: EPOETIN ALFA
Drug Class: HEMATOPOIETIC AGENTS
Search for PROCRIT FAQ
ONLINE PRICE QUOTE

Brand Name: PROSCAR
Generic Name: FINASTERIDE
Drug Class: UNCLASSIFIED THERAPEUTIC AGENTS
Search for PROSCAR FAQ
ONLINE PRICE QUOTE

Brand Name: PROCARDIA

Yo estaba buscando Proscar (Finasteride)

Ahora, si hago clic en el nombre "genérico", **Finasteride,** obtendré mucha más información sobre el medicamento. Fíjese en que Finasteride está subrayado. Si mueve el puntero de su ratón encima de la palabra, el puntero se convertirá en una mano con un dedo apuntando. Esta es la forma que tiene el buscador de decirle que ha marcado un "hot spot:" que si presiona el botón izquierdo de su ratón irá a alguna parte. Fíjese también que "Search for Proscar FAQ" también está subrayado. Compruébelo con el puntero de su ratón… ¿El puntero se ha convertido de flecha en una mano?

Encontremos la Mona Lisa y editemos la imagen para poder imprimir una copia.

Así puede dar la orden a su buscador para ir a su página principal.

Haga clic en **Home** en Internet Explorer, Netscape u Opera. También puede presionar **Alt/Home** en Internet Explorer para ir a su página principal (Home page).

Si configura los Lugares Interesantes de Gero-tech como su página principal, entrará automáticamente donde debe estar para terminar este ejercicio. Si no lo hizo, entonces tendrá que repetir las direcciones que le dimos en las páginas 71 y 72 para ir a la página principal de Gero-tech y de allí a la lista de lugares interesantes de Gero-tech.

Ahora buscamos dónde podemos encontrar la Mona Lisa

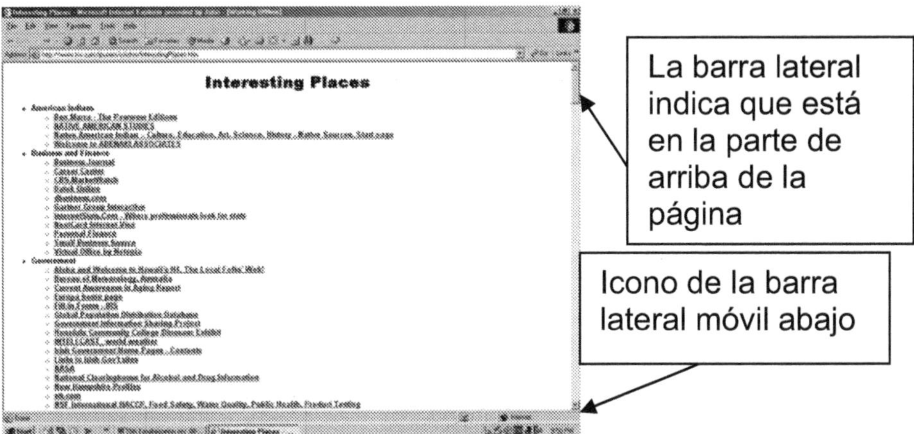

Lista de lugares interesantes de Gero-tech

	Teclado (Keyboard)	**Ratón** (Mouse)
1.	Presione **Página siguiente** (Page Dn) hasta que llegue a la cabecera de **bibliotecas** (Libraries)	Haga clic en la barra lateral móvil hacia abajo (Elevator Down Button) hasta **bibliotecas (Libraries)**, entonces aparece **Paris Pages Musée du Louvre**
2.	Presione la tecla de dirección hacia abajo (Down Arrow) hasta que llegue a **Paris Pages Musée du Louvre**	Haga clic en **Paris Pages Musée du Louvre**
3.	**Enter↵**	

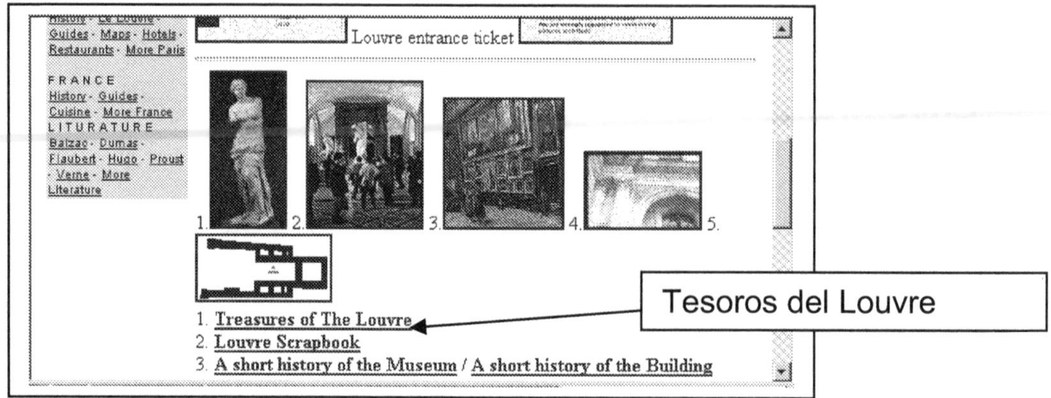

Página principal del Museo del Louvre

Estas son sólo pistas para que sepa qué puede encontrar. Tenemos que seguir buscando.

Teclado (Keyboard)		**Ratón** (Mouse)
1.	Presione **Tab** varias veces, hasta que **Treasures of the Louvre** quedé envuelto en rayas	Haga clic en **Treasures of the Louvre**
2.	**Enter↵**	

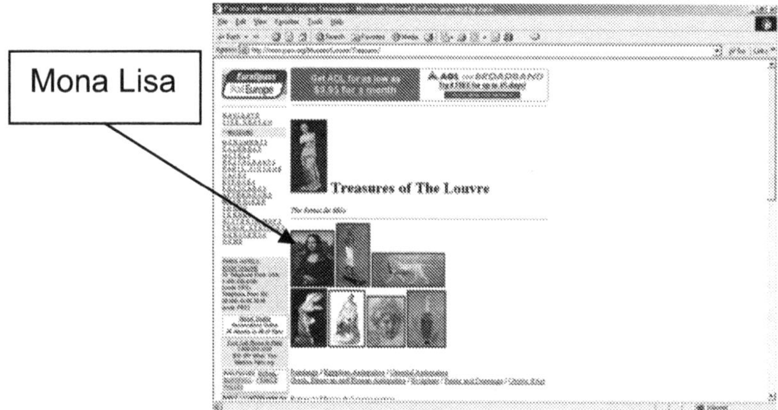

Tesoros para descubrir

Teclado (Keyboard)		**Ratón** (Mouse)
1.	Presione **Tab** en la **imagen** que quiere que se agrande	Haga clic en la **imagen** que quiere que se agrande
2.		Haga clic en la **imagen** grande
3.		Deje el **Puntero del ratón** en la imagen y presione el **botón derecho del ratón** una vez.

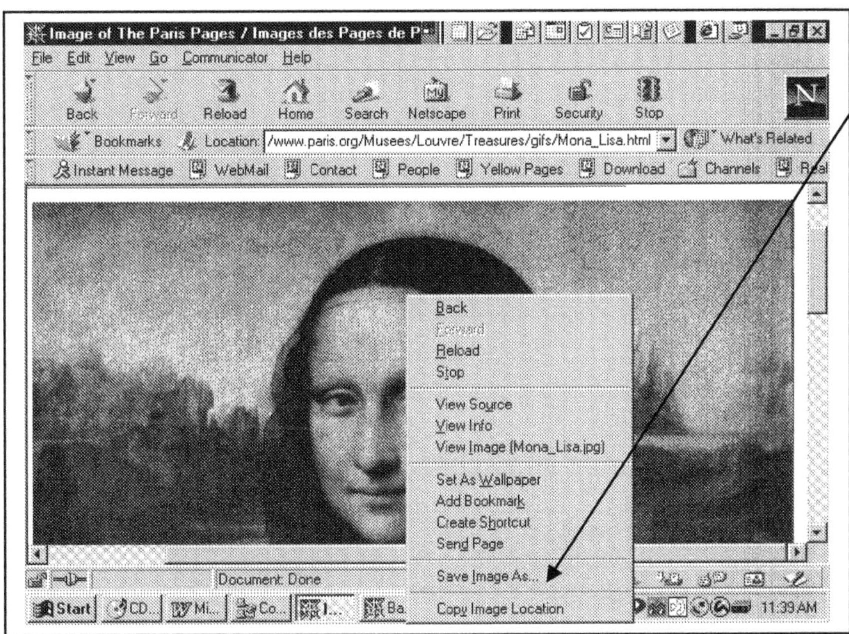

La Mona Lisa lista para llevarla a su página principal

Ahora necesitamos un lugar donde ponerla para poder trabajar con ella

- Hacerla más grande o más pequeña
- Decirle a la computadora cómo queremos que se llame
- Decirle a la computadora dónde queremos ponerla

	Teclado (Keyboard)	**Ratón** (Mouse)
1.	Abra **Microsoft**®**Word** vea **Lección 1**, página 7	Abra **Microsoft**®**Word** vea **Lección 1**, página 7
2.	Nombre el nuevo documento y dígale a la computadora dónde quiere guardarlo… vea **Apéndice B** página B3	Nombre el nuevo documento y dígale a la computadora dónde quiere guardarlo… vea **Apéndice B** página B3

Ahora tenemos que coger la imagen de los archivos temporales e insertarla en el documento de Word que acabamos de abrir.

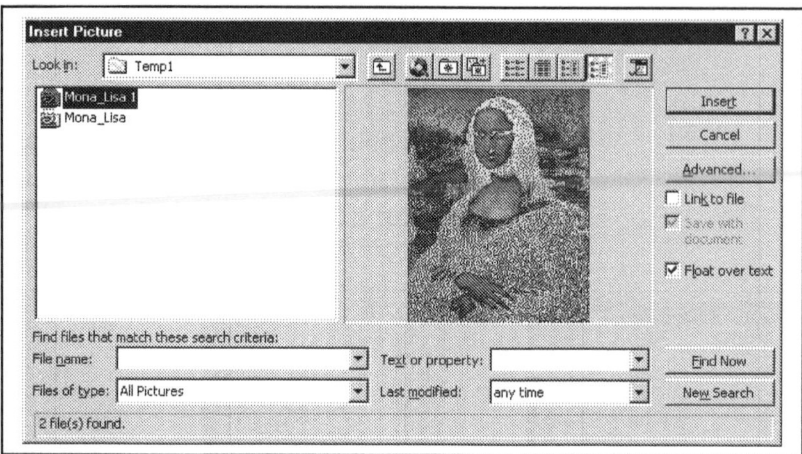

Cuadro de diálogo para insertar la imagen (Insert Picture)

Teclado (Keyboard)		Ratón (Mouse)
1.	**Alt/I**	Haga clic en **Insertar** (<u>I</u>nsert)
2.	**P**	
3.	**F**	
4.	**Alt/N**	
5.	**Shift/Tab**	
6.	Use las **flechas de dirección** para ir a **Mona Lisa**	Haga doble clic en **Mona List**
7.	Presione **Tab** hasta **Insert**	
8.	**Enter↵**	

Ahora ha capturado la imagen y la ha puesto en un documento de Word. Esto le permitirá hacer algunos cambios en la imagen, imprimirla y guardarla en sus archivos permanentes.

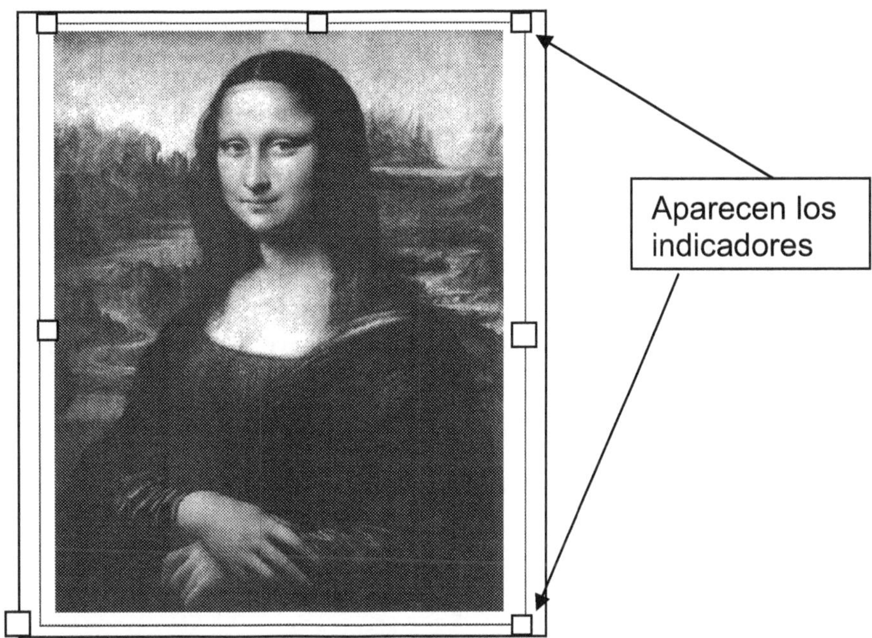

La Mona Lisa a punto para cambiar el tamaño
Vamos agrandarla para que ocupe toda la página cuando la imprimamos.

	Teclado (Keyboard)	**Ratón** (Mouse)
1.	Ponga el **puntero del ratón** (Mouse Pointer) en alguna parte de la imagen y haga clic	Ponga el **puntero del ratón** (Mouse Pointer) en alguna parte de la imagen y haga clic
2.	En las esquinas de la imagen aparecen cuadraditos, "asas" que puede utilizar para cambiar el tamaño de la imagen. Si pone su puntero en una de las asas de una esquina (se convierte en una flecha de doble cabeza) y mantiene presionado el botón izquierdo del ratón, al tiempo que separa el puntero de la imagen, se hará más grande. Si quiere hacerla más pequeña, sólo tiene que mover el puntero hacia dentro de la imagen.	En las esquinas de la imagen aparecen cuadraditos, "asas" que puede utilizar para cambiar el tamaño de la imagen. Si pone su puntero en una de las asas de una esquina (se convierte en una flecha de doble cabeza) y mantiene presionado el botón izquierdo del ratón, al tiempo que separa el puntero de la imagen, se hará más grande. Si quiere hacerla más pequeña, sólo tiene que mover el puntero hacia dentro de la imagen.
3.	Cuando la imagen tenga el tamaño que usted quiera, puede imprimirla o guardarla.	Cuando la imagen tenga el tamaño que usted quiera, puede imprimirla o guardarla.

Algunas cosas que puede encontrar por su cuenta

1. Encontrar juegos en la red ...
   a. Presione **Ctrl/O**

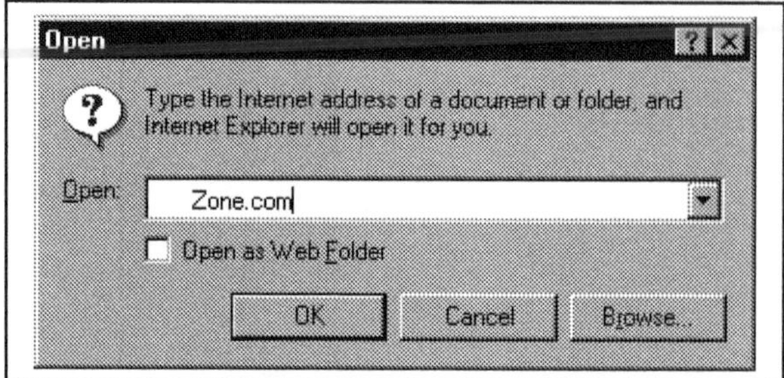

Abra una nueva página de Internet

   b. Teclee dónde quiere ir ... **Zone.com**   ...para encontrar juegos gratis
   c. Presione **Enter⏎**

Juegos a los que puede acceder

Sólo para divertirnos, veamos qué juegos hay disponibles. Haga clic en "Juegos" (Games). Puede que nos encontremos un par de anuncios cuando vayamos a los juegos, así que estén preparados para "Haga clic aquí para continuar" ("Click here to continue")

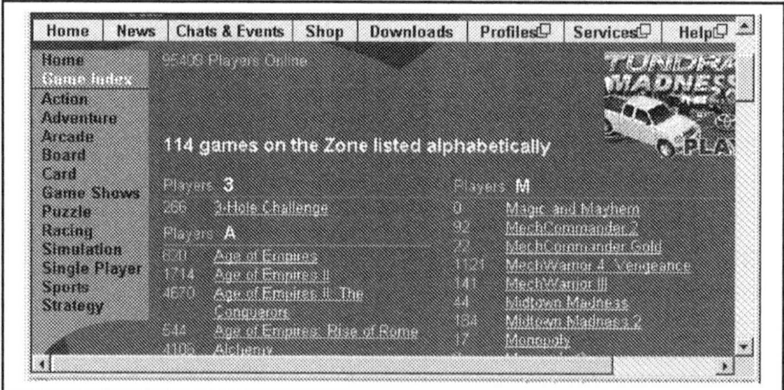

Puede utilizar las barras laterales para ver toda la lista

A lo mejor sólo quiere ver el juego que le interesa, o sólo quiere ver la cantidad de jugadores que están jugando en este momento los diferentes juegos.

2. Vaya a Michigan Electronic Library ...
    a. **Ctrl/O**
    b. Teclee dónde quiere ir ... **mel.lib.mi.us/main-index.html**
    c. Encuentre **Health Information Resources (Recursos de información sobre salud)**

Tiene que utilizar la barra lateral para ir hasta la línea de Health Information

Fíjese que cuando mueve el puntero del ratón encima de las palabras subrayadas el puntero se convierte en una mano... esto significa que es un lugar de acceso y si hace clic en él le enviará a otra parte.

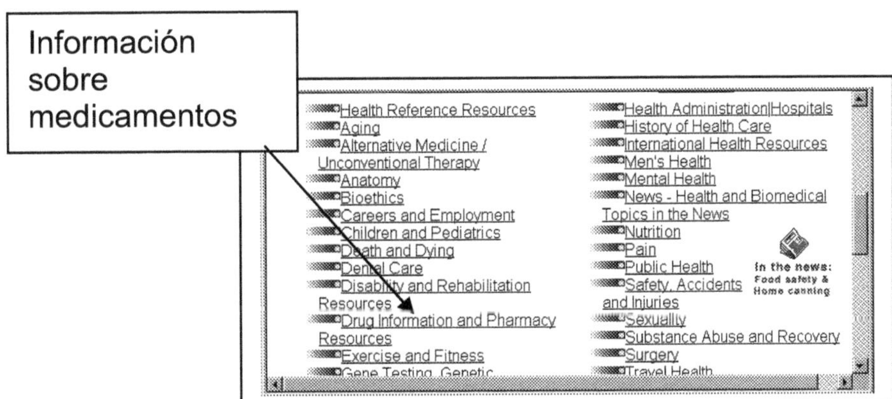

Página de información sobre salud

d. Vaya a **Drug Information and Pharmacy Resources (Información sobre medicamentos y recursos farmacéuticos)**

e.   Vaya a **RxList ... Internet Drug Index (El índice de medicamentos en Internet)**

1.   Marque la dirección ... presione **Alt/A** para ir a Internet Explorer o **Ctrl/D** para Netscape y Opera.
2.   Utilice el cuadro de búsqueda (**Search**) para encontrar su medicamento ...

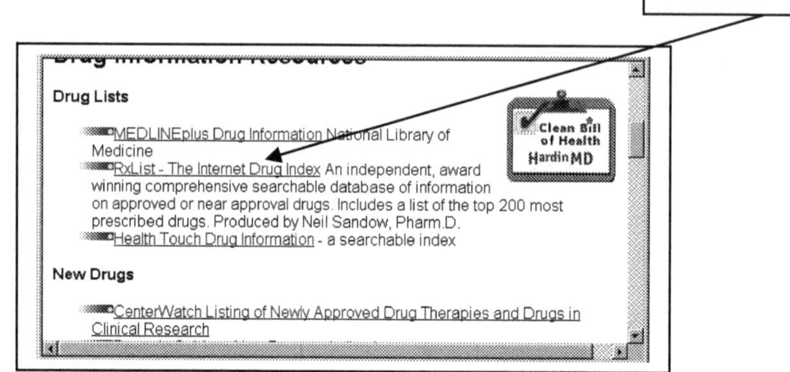

**Ahora podemos utilizar la Rx List
que encontramos en el índice de Gero-tech**

Aquí tiene algunos otros lugares que puede encontrar por su cuenta.

3.   Encuentre el horario de trenes de **Copenhague a Oslo** (está en los lugares interesantes de Gero-tech, en Viajar (Travel).
a.   ¿Puede encontrar un mapa de Oslo, mirar los precios de las habitaciones de hoteles y diversiones?

4.   Vaya a **The Ultimate Collection of Winsock Software** (está en los lugares interesantes de Gero-tech, en Software) y vea los archivos de software.

	Teclado (Keyboard)	**Ratón** (Mouse)
1.		Haga clic en **Windows 95/98**
2.		Elija estado ... **New Hampshire** (o uno que esté cerca de donde vive usted)
3.		Haga clic en **Site Index**
4.		Haga clic en **Pegasus Mail 3.12c**
5.		Haga clic en el icono **Descargar ahora** (Download it now)
6.	Cuando termine de cargarse, **Enter↵**	Ábralo cuando termine de cargarse

Se instala solo y entonces le ayuda a configurarlo con su ISP.

5.   ¿Puede encontrar un centro comercial (mall)? A lo mejor hay uno en los Lugares a donde ir, en la lista de Gero-tech

Utilizando los buscadores
Lección 6

¿Qué es un buscador?

En la década de 1990, a algunos programadores se les ocurrió la idea de escribir un programa que lo que haría es hacer preguntar en toda la comunidad internauta cómo encontrar lo que le han pedido que encuentre. La mayoría de los expertos actuales todavía estaban en la escuela leyendo cómics. No es muy probable que su nivel de maduración hiciera que les dieran nombres cómicos a sus productos. **Archie, Verónica y Jughead** son los nombres que dieron a los "agentes" que podía hacer búsquedas en Internet (entonces se llamaba Espacio Gopher, porque era el nombre del buscador que se utilizaba en aquella época).

Los buscadores más importantes

La mayoría, como Veronica, empiezan con compilaciones de dominios y direcciones de Internet (nombres que las computadoras principales de Internet utilizan para encontrar lugares numéricos de muchos de los lugares a los que se puede ir en Internet). Se escanean listan larguísimas para encontrar las palabras claves **(keywords)** que ha dado la persona que está haciendo la búsqueda. En la mayoría de los casos, sólo se hace la búsqueda en una porción de esas listas… **Alta-Vista** al principio tenía una lista de más de 16 millones de lugares para buscar. Uno de los buscadores más populares de hoy en día es **Yahoo**, que se desarrolló en la Universidad de Stanford para encontrar lugares que alguien quisiera encontrar. Cuando el concepto demostró que esta compilación era factible y práctica, se vendió a los promotores comerciales, que lo han llevado al nivel de sofisticación actual.

Algunos otros buscadores que utilizaremos:

Magellan	**Dog Pile**	**LookSmart**	**A2Z**
Excite	**HotBot**	**MetaFind**	**Galaxy**
Lycos	**InfoSeek**	**DejaNews**	**Fast Find**
Look Smart	**Web Crawler**	**Northern Light**	**Google**

¿Cómo los utilizamos?

Cada buscador tiene su propia manera de hacer las búsquedas, pero hay algunas reglas que se aplican a casi todos:

1. Utilice tantas palabras "clave" (keywords) como pueda… estrecha la búsqueda.
2. Si no se encuentra nada, saque algunas palabras e inténtelo otra vez
3. Utilice los sinónimos para encontrar más palabras, a veces algunas palabras no aparecen en las listas, pero hay otras similares
4. Utilice algo que la persona pueda haber hecho o un objeto similar

Cómo utilizarlos (continuación)

5. Junte las palabras con comillas … "UNH Hockey".
6. Junte las palabras con el signo más (**+**) … +UNH +Hockey.

Los buscadores como **Yahoo** y **AltaVista** buscan y juntan por sí mismos los artículos que contienen sus palabras claves. Estos lugares contienen todas las palabras claves que puso al principio. Sin embargo, a menos que restrinja sus palabras clave con comillas o con la señal de sumar, el buscador sólo busca las palabras y no se preocupa de si están juntas o en qué orden están. Si no se conectan las palabras, el buscador devuelve millones de lugares posibles para encontrar la información que cree que usted está buscando. Aunque usted haya puesto las palabras de la búsqueda juntas, los buscadores como Yahoo y AltaVista pone algunos lugares al principio de la lista, porque pagan publicidad a la empresa propietaria del buscador.

Consejos para utilizar algunos buscadores

Yahoo … podría decirse que Yahoo es un directorio muy largo. Cuando usted busca, le darán pocos **URLs** (Universal Resource Locator), aunque apropiados. Si Yahoo no puede encontrar la información que usted quiere, envía sus palabras clave a **AltaVista** para que haga la búsqueda. Haciendo clic en las opciones de enlaces (**options link**) que están al lado del cuadro de búsqueda de Yahoo, irá a una página de búsqueda adicional donde puede limitar su búsqueda a sólo los **URLs** más recientes de **Yahoo**.

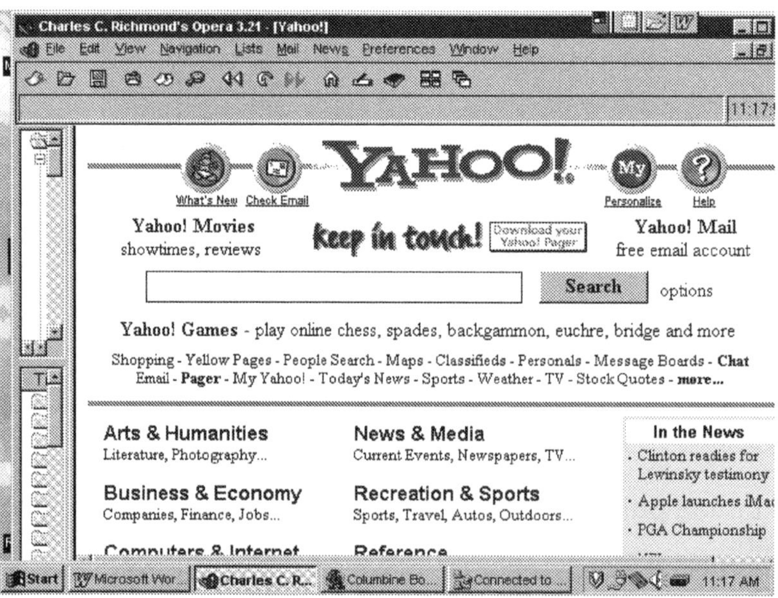

Página principal de Yahoo

Yahoo le ofrece listados muy interesantes:

Comprar en Internet	Mapas de las calles	Direcciones de Email
Números de teléfono	Páginas amarillas	Gente
Clasificados	Personales	Tableros de mensajes
Noticias de actualidad	Deportes	Tiempo
Chat	Email Pager	

AltaVista ... Este buscador es muy práctico cuando está haciendo una búsqueda muy específica o cuando está buscando nuevas páginas de Internet. Sólo tiene que cambiar la fecha en el cuadro de búsqueda y poner una más reciente (18/06/03) para que AltaVista estreche la búsqueda y sólo busque las páginas posteriores a esa fecha.

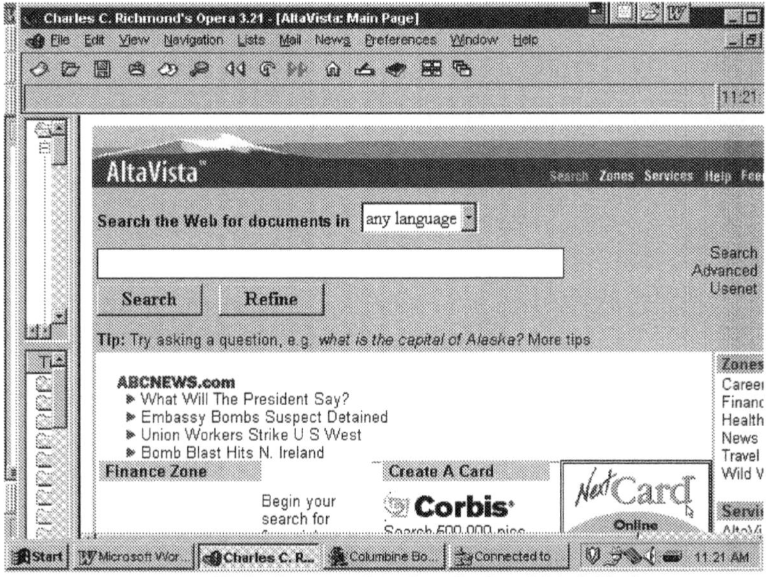

Página principal de AltaVista

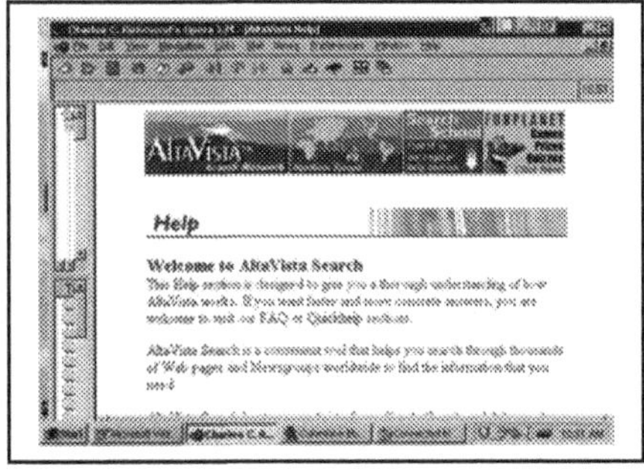

Ayuda (Help)

Utilice la página de ayuda (**Help page**) (vea la ilustración) para ver qué cosas puede hacer con AltaVista. Vea qué hiperenlaces (**hyperlinks**) hay, **applet classes** específicos, busque sólo algunos dominios que llevan sufijos determinados ... **edu, com, gov, mil,** o **org**.

No importa cuánto restrinja AltaVista, siempre le devolverá mucha más información de la que está acostumbrado a recibir.

Haga una búsqueda empezando con un marcador o un archivo de Favoritos de Gero-tech.

	Netscape	Internet Explorer	Opera
1.	Haga clic en **Location**	Haga clic en **Address**	Haga clic en **Remote**
2.	Teclee **Gero-tech.Org**	Teclee **Gero-tech.org**	Teclee **Gero-tech.org**
3.	**Enter**	**Enter**	**Enter**
4.	...... Haga clic en **Interesting Places**		
5.	Utilce **Page Dn** hasta que llegue a **Buscadores** (Search Engines)		
6.	Utilce la tecla de dirección hacia abajo (Down Arrow) para encontrar **"Dr. Webster's Big Page of Search Engines"**		
7.	Haga clic en él		
8.	Haga clic en el cuadro **"Search A2Z"**		
9	Teclee **Scoundrel of Cashel**		

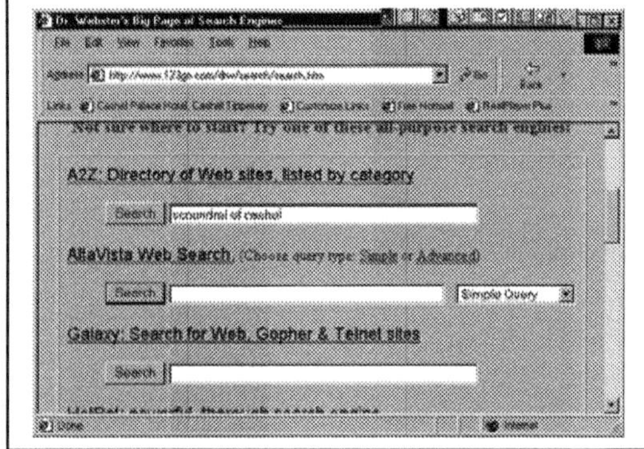

Página del Dr. Webster's

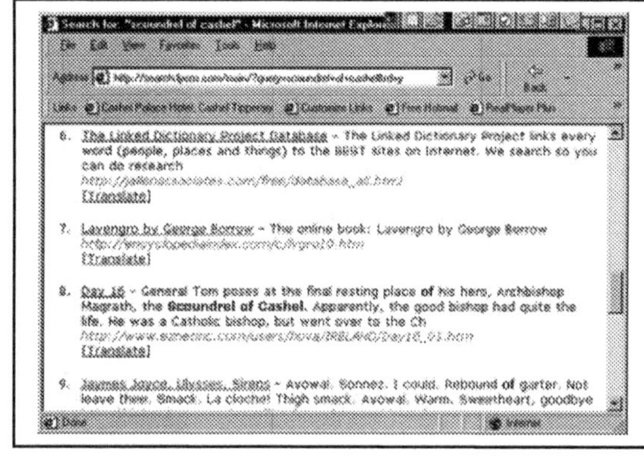

Respuesta de Lycos

4. Haga clic en el resultado que le parezca mejor ... elija **8. <u>Day 16</u>**.

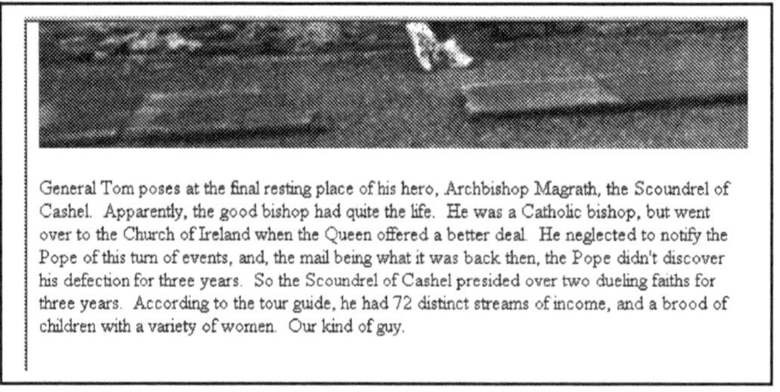
General Tom poses at the final resting place of his hero, Archbishop Magrath, the Scoundrel of Cashel. Apparently, the good bishop had quite the life. He was a Catholic bishop, but went over to the Church of Ireland when the Queen offered a better deal. He neglected to notify the Pope of this turn of events, and, the mail being what it was back then, the Pope didn't discover his defection for three years. So the Scoundrel of Cashel presided over two dueling faiths for three years. According to the tour guide, he had 72 distinct streams of income, and a brood of children with a variety of women. Our kind of guy.

**El General ha encontrado la tumba de Scoundrel
pero no es lo que quería**

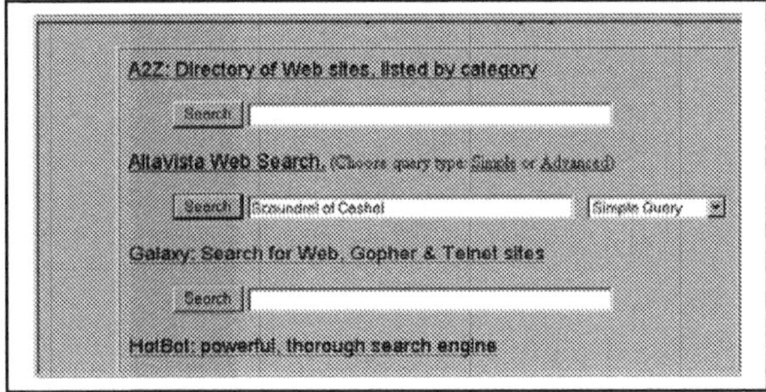

Ahora Alta Vista ...

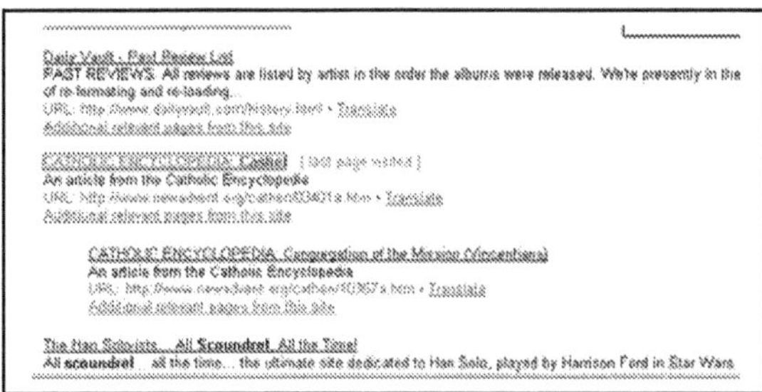

Encontró el Día 16 y la
Enciclopedia Católica, con una
referencia a Cashel

Hotbot, Lycos, Open Text, Web crawler, no encontraron nada que no hayamos visto. Sin embargo, cuando fuimos a Yahoo encontramos una referencia de una revista en Internet, así como la visita del Gen. Tom a Cashel. Esto es una mejor, pero no es lo que queremos.

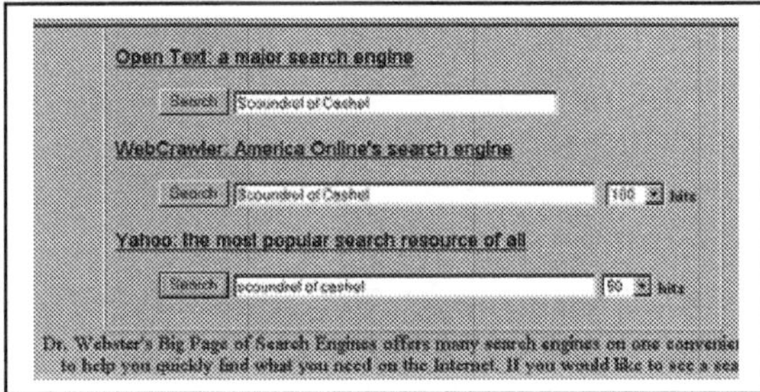

Preguntando a Yahoo

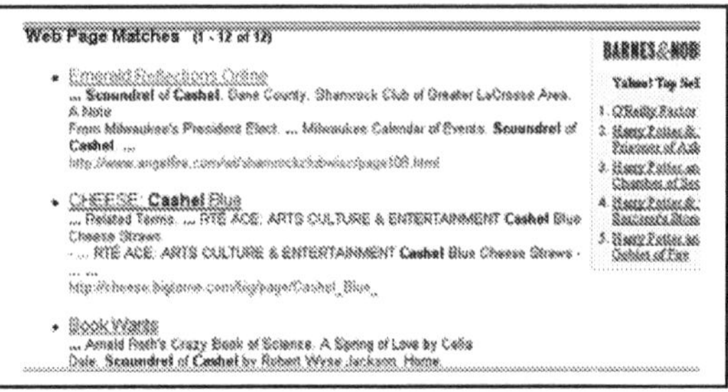

Lo que salió

Parece que estos buscadores no buscan materiales escritos... particularmente libros. A lo mejor tenemos que cambiar cómo estamos tratando de encontrarlo. Hemos estado tratando de localizar información en Internet que se puede interpretar como que estamos buscando algo para comprar, en lugar de intentando encontrar una copia de un libro determinado. De hecho, si más de un autor ha escrito un libro, o acerca de nuestro tema ... Milar Magrath ... deberíamos ser capaces de encontrar muchos lugares en el mundo donde hay este libro. Hasta ahora no hemos tenido suerte.

No hace tanto, de hecho hace dos años (2000), que hicimos la pregunta sobre "Scoundrel of Cashel" y un buscador llamado Fast Find encontró una copia en venta en Dublín, Irlanda, y otra copia en la biblioteca de la Universidad de Cork, Irlanda. Parece que estas referencias han desaparecido. Tratemos de encontrar una biblioteca que tenga una copia del libro.

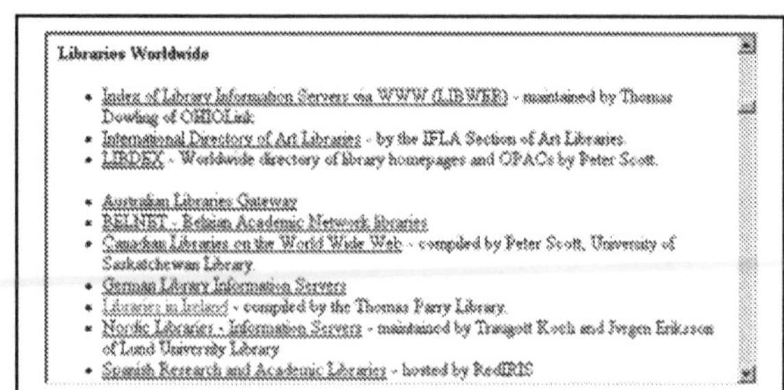

Fast Find encuentra listados de bibliotecas

Una que parece prometedora es Bibliotecas en Irlanda

Al explorar las bibliotecas irlandesas tenemos suerte, pero veo que tengo que buscar por autor. Cuando busco por Robert Wyse Jackson, la Biblioteca Nacional de Irlanda me muestra que hay 13 libros de ese autor. Uno de ellos es sobre nuestro arzobispo... Milar Magrath. Buscamos más y vemos que está disponible. El catálogo nos dice dónde podemos encontrarlo y que está disponible en préstamo.

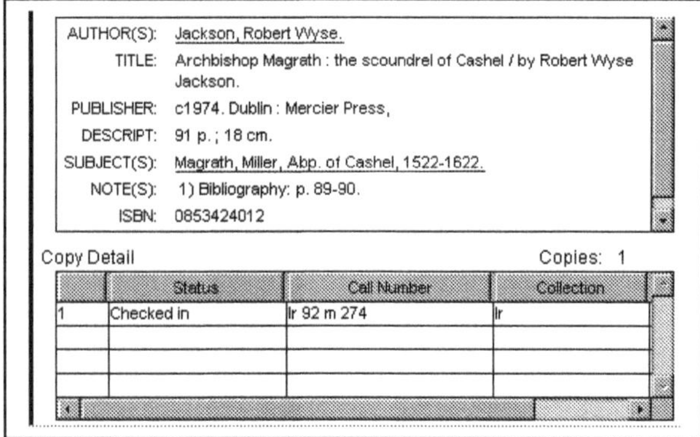

Lo que he tratado de demostrar es que en la red se puede encontrar casi todo, pero que hay que desarrollar una estrategia para ello.

Encontrar algo para comprar es probablemente lo más sencillo para los buscadores, porque todos están relacionados con el comercio. Buscadores como AOL y Yahoo cobran a las empresas por la publicidad y a cambio les garantizan que ellas y sus productos estarán a la cabecera de las listas. Lo que es difícil es encontrar materiales intelectuales. Tiene que desarrollar una estrategia para encontrar los lugares dónde buscar y formas de describir qué es lo que quiere encontrar.

Veamos que está pasando en el museo de arte de Dallas. Imaginemos que cuando visitemos la ciudad queremos hacer algo especial.

Empiece abriendo el cuadro de diálogo Abrir ("Open" dialog box).

	Internet Explorer	Netscape	Opera
1.	Presione **Alt/D**	Presione **Ctrl/O**	F2
2.	...... Teclee **www.alltheweb.com**		
3.	Presione **Enter**	Presione **Enter**	Presione **Enter**

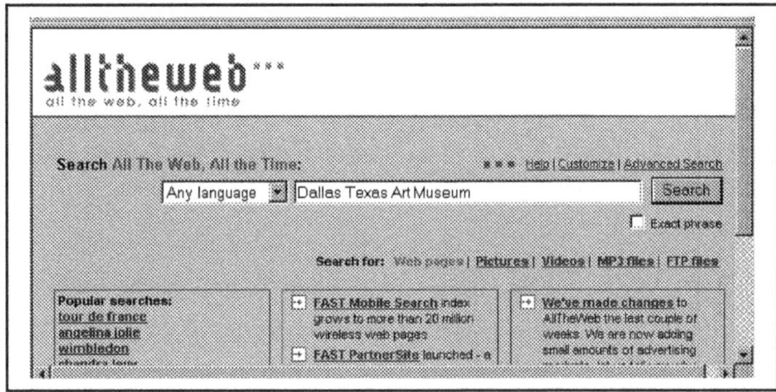

Teclee "Dallas Texas Art Museum" y haga clic en Buscar (Search)

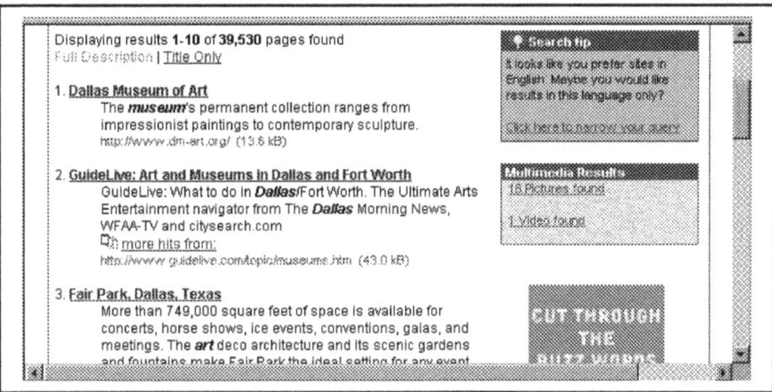

Parece que las dos primeras respuestas son lo que buscábamos

Esta página principal despliega iconos que puede utilizar para transferirse a otros sitios de interés. Uno es un calendario de actividades.

Aquí hay algunos problemas que puede solucionar por su cuenta. Puede que quiera empezar con los Lugares Interesantes de las páginas de Internet de Gero-tech. De allí puede moverse utilizando las diferentes sugerencias que le dan en cada sitio de Internet que pueden mandarle a algún otro sitio más parecido a lo que usted está buscando.

Ejercicios de Búsqueda (Search Exercises)

1. Vea si puede encontrar **su propio número de teléfono**… busque **Yahoo** y utilice la búsqueda de teléfonos o vaya a **Fast Find** y busque números de teléfono (**telephone numbers**).

2. Busque una de sus tiendas locales en las páginas amarillas. Yahoo tiene una sección de páginas amarillas muy buena.

3. Busque **Londres, horario de trenes de Inglaterra**…. puede que tenga que utilizar una de las direcciones de la sección de viajes (**Travel**) de los lugares interesantes de Gero-tech.

4. Encuentre la página de Internet del periódico **New York Times…** asegúrese de poner "periódico" en las palabras claves, la gente del sector pornográfico tiene algunas páginas que se abren si sólo teclea la palabra **New York Times.**

5. Vea qué tiempo hace en Melbourne, Australia. Esta vez bastará con que lo escriba tal cual, aunque puede que quiera poner la abreviatura de Australia en Internet: AU

Busquemos algo más difícil

1. Encuentre **Roget's Thesaurus** en Gutenberg.

2. Encuentre el **Dinosaur Exhibit** en el Community College, HI.

3. Encuentre la **Whitehouse** en Washington, DC.

Veamos algunos productos de la Comunidad de Inteligencia Artificial, utilizando una lista especializada parecida a la de Gero-Tech.

La página de Internet de abajo tiene Índices que refieren a lo que se conoce como Bots, una abreviatura de robot. Estos programas realizan búsquedas en Internet de forma muy parecida a cómo Verónica lo hacía para Gopher. Entonces tiene los bots de Inteligencia artificial, que pueden mantener una conversación con usted, suponiendo que le interese. Veremos botspots y un par de hablantes de Inteligencia Artificial.

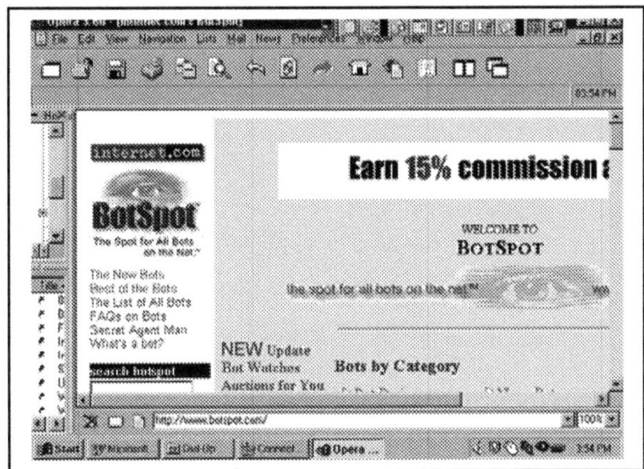

Los BotSpot

* Los Bots y los Bot spotters

1. Presione **Alt/D**, **Ctrl/O**, o **F2**, teclee **www.botspot.com**, presione **Enter** para encontrar una lista de **BotSpot**.
   Los que siguen se encuentran utilizando la página de **Bot Spot**
2. **Eliza,** una de las bots hablantes más antiguas
3. **Alice** (Artificial Linguistic Internet Computer Entity)
4. Busque más ... hay 50 ... utilice el buscador especial que aparece a mano izquierda en la página de Bot Spot.

* Algunos buscadores muy especializados ... ponga estas direcciones en el cuadro Address (Alt/D) de Internet Explorer, Location (Alt/L) de Netscape, o Remote (F2) de Opera

1. Página pregunte a un experto ... http://njnie.dl.stevens-tech.edu/askanexpert.html
2. Más ... http://www.cln.org/int_expert.html
3. Aprenda como curar un dolor de muelas, etc. ... http://www.howstuffworks.com
4. Otro pregunte a un experto ... http://www.askanexpert.com

*** Estos dos productos los publicó TOURBUS, una revista electrónica GRATUITA.** Le sugerimos que se suscribiera durante la lección 2 de este curso. Este es el tipo de información que puede obtener y que le mantendrá al día sobre las novedades disponibles en Internet.

Apéndice

Mandatos del teclado y ráton

Dar órdenes utilizando el teclado o el puntero del ratón

Orden	Teclado	Ratón
Menú de Archivo (File)	**Alt/F**	Haga clic en Archivo (File)
Menú de Edición (Edit)	**Alt/E**	Haga clic en Edición (Edit)
Menú de Ver	**Alt/V**	Haga clic en Ver (View)
Menú de Insertar (Insert)	**Alt/I**	Haga clic en Insertar (Insert)
Menú de Formato (Format)	**Alt/O**	Haga clic en Formato (Format)
Menú de Herramientas (Tools)	**Alt/T**	Haga clic en Herramientas (Tools)
Menú de Tabla (Table)	**Alt/A**	Haga clic en Tabla (Table)
Menú de Ventana (Window)	**Alt/W**	Haga clic en Ventana (Window)
Menú de Ayuda (Help)	**Alt/H**	Haga clic en Ayuda (Help)
Buscador de Ayuda	**Tecla F1** (F1)	Haga clic en "?" en el menú de Ayuda (Help)
Internet Explorer Menus		
File Menu	**Alt/F**	Clic en Archivo (File)
Edit Menu	**Alt/E**	Clic en Edición (Edit)
View Menu	**Alt/V**	Clic en Ver (View)
Favorites Menu	**Alt/A**	Clic en Favoritos (Favorites)
Tools Menu	**Alt/T**	Clic en Herramientas (Tools)
Help Menu	**Alt/H**	Clic en Ayuda (Help)
Help Search engine	**Tecla F1** (F1)	Clic en Ayuda (Help) haga clic Contenido (Contents) e Índice (Index)
Document control commands		
Documento nuevo	**ctrl/N**	Haga clic en el icono Nuevo (New)
Abrir un documento existente	**ctrl./O**	Haga clic en el icono Abrir (Open)
Guardar como.... nombrarlo	**Tecla F12**	Clic File menú then clic (SaveAs...)
Guardar un documento	**ctrl./S**	Haga clic en el icono Disquete (Save)
Cerrar (sacar de la pantalla)	**ctrl./W**	Click the lower "X" box
Imprimir un documento	**ctrl./P**	Haga clic en el icono Impresora (Print)

Orden	Teclado	Ratón
Vista preliminar	**Alt/ctrl/I**	Haga clic en el icono Vista preliminar (Print Preview)
Text Editing Commands		
Ortografía y gramática	**F7**	Haga clic en el icono √abc de ortogrtafía y gramática (Spelling/Grammar)
Sinónimos (Thesaurus)	**Mayús./F7** (Shift/F7)	Clic en herramiertas (Tools) después clic en lenguaje (Language) después clic sinónimos (Thesaurus)
Seleccionar (resaltar) todo (Select All)	**ctrl/A**	Ponga el ratón a la izquierda de la 1er linea, mantenga persionado el puntero hacia el final del documento y finalmente libere el botón.
Seleccionar un poco de texto	**mayús./Tecla de dirección** (Shift/Arrow Key)	Ponga el puntero a cualquier final del texto que quiere "seleccionar," presione el baton izquierdo y suéltelo cuando haya cubierto toda la selección.
Cancelar la selección	**Tecla de dirección** (Arrow Key)	Haga clic en ningún lugar debajo de la área seleccionada
Cortar texto (Cut)	**ctrl./X**	Haga clic en el icono de las tijeras
Copiar texto (Copy)	**ctrl./C**	Haga clic en el icono con 2 hojas de papel
Pegar texto (Paste)	**ctrl./V**	Haga clic en el icono del portapapeles
Borrar lo que ha escrito (Undo)	**ctrl./Z**	Haga clic en el icono con la flecha hacia la izquierda
Seguir escribiendo en otra línea (Redo, repeat)	**ctrl./Y**	Haga clic en el icono con la flecha doblada a la izquierda
Character formatting (Cuadro de diálogo)		

Orden	Teclado	Ratón
Tipo de letra	**ctrl./mayús./ F** (Ctrl/Shift/F)	Haga clic en el icono de Fuente (Font)
Tamaño del tipo de letra	**ctrl./mayús./ >o<** (ctrl./shift/> or <)	Haga clic en el icono de Tamaño (Size)
Negrita (Bold	**ctrl./B**	Haga clic en el icono **B**
Cursiva (Italicize)	**ctrl./I**	Haga clic en el icono I
Subrayado (Underline)	**ctrl./U**	Haga clic en el icono **U**
Superscript	**ctrl./ mayús./+** (Ctrl/Shift/+)	
Subscript	**ctrl./=**	
Alineamiento del margen		
Alineamiento a la izquierda (Align left)	**ctrl./L** (ctrl./L)	Haga clic en el icono con el margen a la izquierda
Alineamiento al centro (Align Center)	**ctrl./E** (Ctrl/E)	Haga clic en el icono de márgenes desiguales
Alineamiento a la derecha (Align right)	**ctrl./R** (Ctrl/R)	Haga clic en el icono con el margen a la derecha
Justificar (Justify)	**ctrl./J** (Ctrl/J)	Haga clic en el icono con los dos márgenes justificados
Ver página		
Visualización normal (View Normal)	**ctrl./Alt/N** (Ctrl/Alt/N)	
Visualización de diseño de página (Page Layout View)	**ctrl./Alt/P** (Ctrl/Alt/P)	
Visualización del esquema (View Outline)	**ctrl./Alt/O** (Ctrl/Alt/O)	
Superíndice	**Ctrl/Shift/+**	
Subíndices	**Ctrl/=**	
Sangrado		
Sangrado temporal	**Tabulador** (Tab)	
Sangrado permanente a la derecha	**ctrl./M** (Ctrl/M)	

Orden	Teclado	Ratón
Reducir permanentemente el sangrado a la derecha	**ctrl./ mayús./M** (Ctrl/Shift/M)	
Sangría francesa en cada párrafo	**Ctrl/T**	
Reducir la sangría francesa en cada párrafo	**ctrl./mayús./ T** (Ctrl/Shift/T)	

Accent marks using the numeric pad

Making accented letters: Hold **Alt** down while entering the **three numbers**

a		e		i		o		u		c n y ¡	
à	133	é	130	ï	139	ô	147	ü	129	ç	135
â	131	ê	136	î	140	ö	148	û	150	Ç	128
ä	132	ë	137	ì	141	ò	149	ù	151		
å	134	è	138	í	161	ó	162	ú	163	ñ	164
á	160	É	144			Ö	153	Ü	154	Ñ	165
Ä	142										
Å	143									ÿ	152
										¿	168
										¡	173
										«	174
										»	175

	Keyboard	**Mouse**
1.	**Ctrl/Esc**	Clic **Start** (botón de inicio)
2.	**P**	Clic **P**rograms
3.	**Right Arrow**	Clic **A**ccessories
4.	**S**	Clic **S**ystem Tools
5.	**Right Arrow**	
6.	**C**	Clic **C**haracter Map
7.	**Enter**	
8.	**Tab** (Tabulador) dos veces	
9.	**Arrow** al símbolo a quien usted quiere	Clic el símbolo a quien usted quiere usar
10.	**Alt/S**	Clic **Select** (seleccione)
11.	**Alt/C**	Clic **copy** (copia)
12.	**Alt/Tab**	**Alt/Tab**
13.	**Ctrl/V**	Haga clic en el botón de pegar

Poner en marcha el procesador de textos

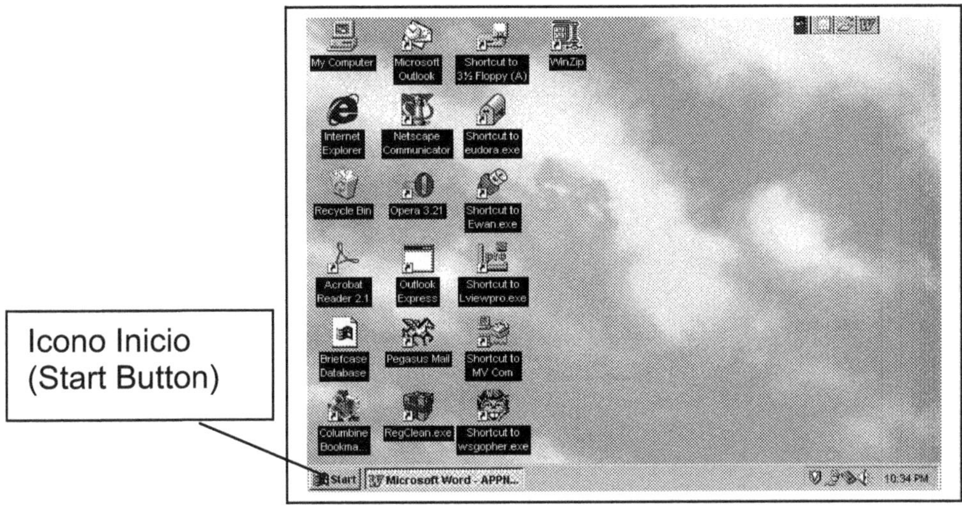

El Escritorio (Desktop) **indicando Iconos de
Acceso Directo** (Shortcut Buttons)

Abrir un programa

	Teclado (Keyboard)	**Ratón** (Mouse)
1.	**Ctrl/Esc**	Haga clic en el botón de **Inicio** (Start)
2.	**P**	Haga clic en **Programas** (Programs)
3.	Utilice los cursores para moverse la zona en resaltado hasta que encuentre el programa que quiera abrir y entonces presione **Intro⏎**.	Haga clic dos veces en el programa que quiere abrir.

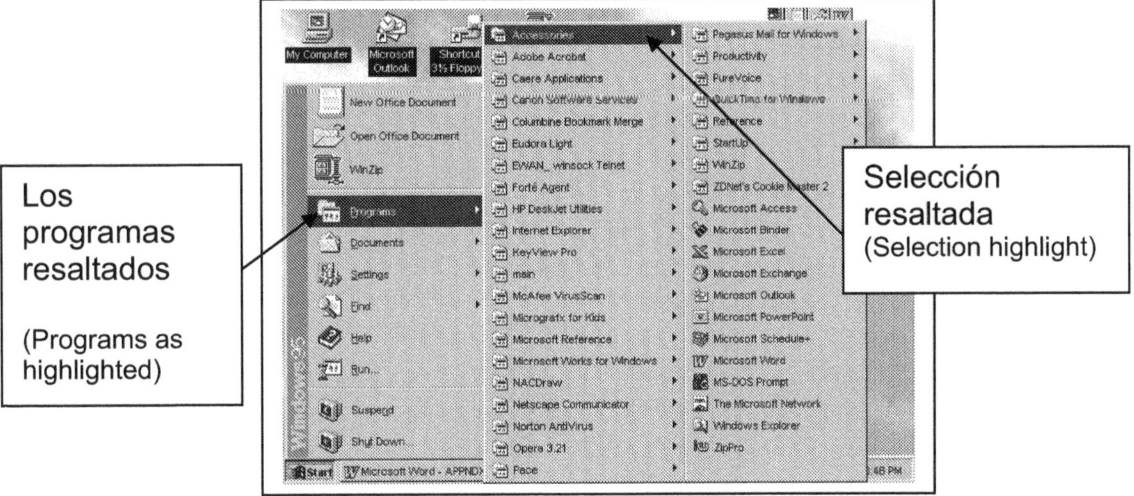

Menú de programas

Cerrar un programa.

Teclado (Keyboard)		Ratón (Mouse)
1.	**Alt/Tecla F4**	Haga clic en el cuadradito con la **"X"** que queda más a la derecha y más arriba

Cerrar la computadora

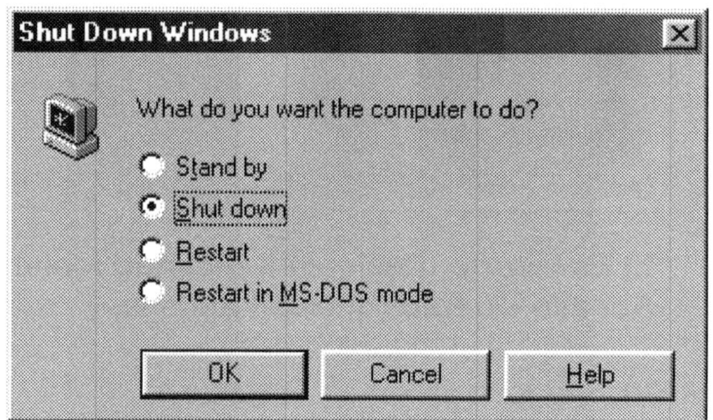

Cuadro de diálogo para cerrar la computadora

Teclado (Keyboard)		Ratón (Mouse)
1.	**Ctrl / Esc**	Haga clic en el botón de **Inicio** (Start)
2.	**U**	Haga clic en el comando **Cerrar** (Close)
3.	**S**	Haga clic en el indicador de **Cerrar** (Close)
4.	**Intro ↵**	Haga clic en **OK**

Agrandar el icono de la "Barra de herramientas"

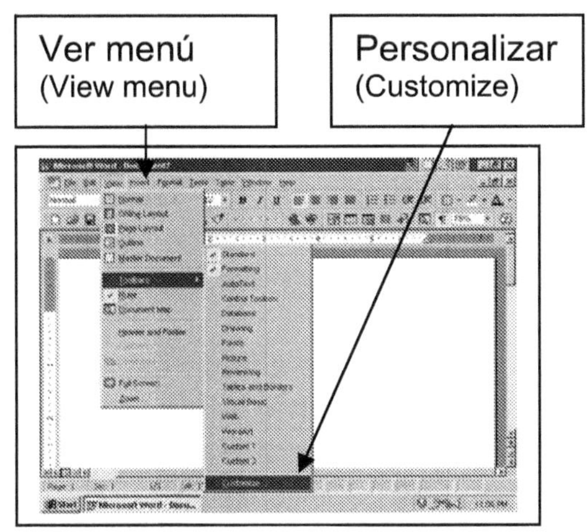

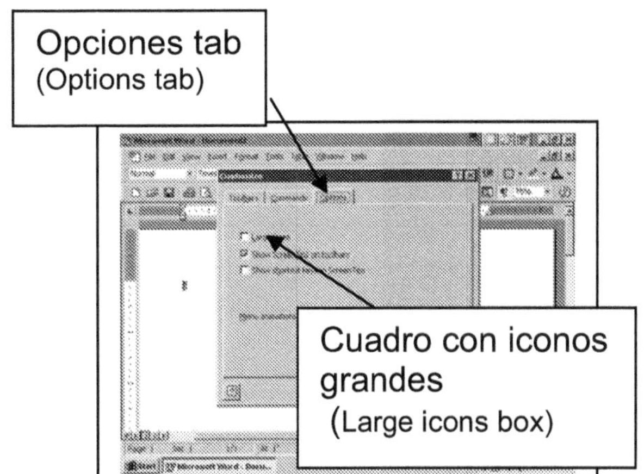

Teclado (Keyboard)	Ratón (Mouse)
1. **Alt/V**	Haga clic en **Ver** (View)
2. **T**	Haga clic en **Barra de herramientas** (Toolbar)
3. **C**	Haga clic en **Personalizar** (Customize)
4. **Alt/O**	Haga clic en **Opciones** (Options)
5. **Alt/L**	Haga clic en el cuadro de **Iconos Grandes** (Large Icons)
6. **Intro** ↵	Haga clic en **Cerrar** (Close)

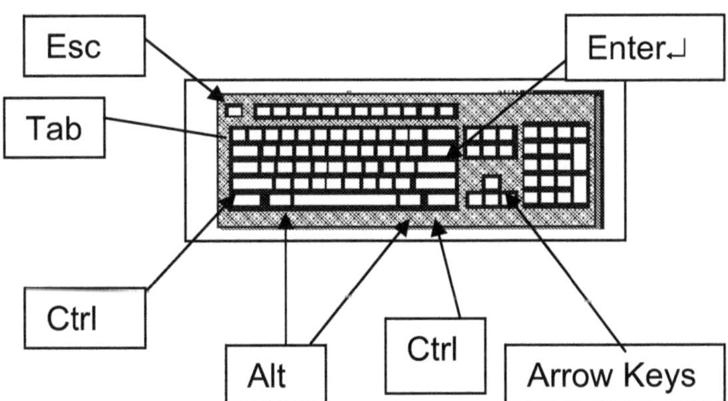

Las operaciones usuales... Paso a paso

Abrir un nuevo documento

Teclado (Keyboard)	Ratón (Mouse)
1.. **Ctrl/N**	Clic en **Nuevo Documento**

Nómbrelo y diga dónde quiere guardarlo.... SaveAs

Teclado (Keyboard)		**Ratón** (Mouse)
1.	**Tecla F12**	Haga clic en **Archivo** (File)
2.		Haga clic en **Guardar como**... (Save<u>A</u>s...)
3.	**Alt/I**	Haga clic en el cuadro largo **"Buscar en"** (Look in)
4.	**3**	Haga clic en el disquete de **"3 1/2 (A)**
5.	**Intro⏎** (Enter)	
6.	**Alt/N**	Haga clic en el cuadro al lado de **Nombre del documento:** (File name)
7.	Escriba el nombre que quiere usar	Escriba el nombre que quiere usar
8.	**Intro ⏎** (Enter)	Haga clic en **OK**

 (Puede utilizar letras y números, pero no marcas especiales como "*" o "/" o "," o ".")

Cierre su documento y deje la pantalla en blanco.

Teclado (Keyboard)		**Ratón** (Mouse)
1.	**Ctrl/S**	Haga clic en **Guardar** (Save)
2.	**Ctrl/W**	Haga clic en el cuadradito con la "**X**" que queda más a la derecha y más abajo

Abrir otra vez un documento que había cerrado.

Teclado (Keyboard)		**Ratón** (Mouse)
1.	**Ctrl/O**	Haga clic en **Abrir**
2.	**Alt/I**	Haga clic en el cuadro largo **"Buscar en"** (Look in)
3.	**3**	Haga clic en el disquete de **"3 1/2 (A)**
4.	**Intro⏎** (Enter)	
5.	**Alt/N**	Haga doble clic en el nombre del documento que quiere abrir
6.	**Mayús./Tabulador**	
	Utilice los cursores para mover lo resaltado hasta llegar el documento que quiere abrir	
7.	**Intro⏎** (Enter)	

Para cambiar el tipo de letra, el tamaño, la forma, subrayar, sangrar... ¡<u>Antes</u> de decirle a la computadora lo que quiere que haga, debe seleccionar y <u>resaltar</u> lo que quiere cambiar!

Si desea cambiar tanto una línea como un párrafo, mueva el cursor (|) al principio (al final a mano izquierda) de la línea o a la esquina superior izquierda del párrafo. Mantenga apretada la tecla de **Mayúsculas** y utilice el cursor para moverse hacia abajo o a lo ancho… El texto quedará resaltado en negro. Entonces puede ir al menú, **F<u>o</u>rmato** (mantener apretado **Alt** y presionar **O**, o hacer clic en **F<u>o</u>rmato**) y elegir el comando que quiere utilizar.

Apéndice C

A

Address Book ... Lista de direcciones.... Una prestación que hizo un buen programa de **correo electrónico,** que le permite recopilar las direcciones de correo electrónico de las personas con las que quiera comunicarse. Es un modo infalible de guardar bien las direcciones de correo electrónico.

Archie .... Fue el primero de lo que hoy llamamos **buscadores.** Cuando apareció por primera vez, se decía que era un **agente** que podía buscar la información disponible en todos los sitios FTP. Archie podía llevarle a programas, libros o imágenes que podían trasladarse de donde estuvieran a su computadora, utilizando un **Protocolo de Transferencia de Ficheros.**

B

Bookmark ... Marcador de sitios en Internet.... Un artículo o un sitio marcado que puede encontrarse rápidamente, para referencia. Normalmente se utiliza para marcar un tema de Ayuda o para marcar algo que se quiere ver más tarde.

Browse ... Hojear.... Es un término que se utiliza para describir cuando se da un vistazo a la información disponible en la red. La palabra se refiere a que la persona está haciendo algo parecido a lo que haría si estuviera en una librería hojeando libros.

Browser ... Hojeador y buscador.... Es el nombre que la gente de Internet ha dado a los programas que pueden trasladarse de un lugar a otro en la red y desplegar su contenido "página por página".

C

CD ROM .... Este medio de almacenamiento se diseñó, en principio, para producir música. El nombre CD ROM es un acrónimo que se forma con la primera letra de cada palabra de la definición en inglés.... **Disco compacto que sólo lee discos** (que sólo lee significa que las marcas digitales grabadas no se pueden borrar ni se puede volver a grabar encima). Como utilizaba marcas digitales muy tenues para generar sonido, tuvo tanto éxito que la industria informática investigó la técnica y descubrió que en los discos se podían almacenar los caracteres de la computadora e imágenes.

Cell ... Celda.... Un rectángulo de una tabla. Esta unidad puede aceptar datos. Una vez dentro de la celda, los datos pueden manipularse y se pueden utilizar fórmulas matemáticas para determinar su contenido.

Chat Room ... Espacio para charlar en la red.... Es un lugar al que uno puede ir para comunicarse con gente de todo el mundo al mismo tiempo. Esto es posible gracias a un programa que se conoce como el *Internet Relay Chat,* que funciona de forma parecida a **una Citizens Band Radio**. Estas comunicaciones, a diferencia del correo electrónico, que es todo un paquete, aparecen en el espacio de charla al mismo tiempo que usted está tecleando los mensajes. En los espacios de charla en la red la gente utiliza nombres ficticios para protegerse y evitar que invadan su privacidad.

Clipboard... Portapapeles.... Un área que se instala en la memoria para guardar materiales que se le envían desde los programas que operan en el sistema operativo de Windows. El portapapeles se puede utilizar para enviar texto o imágenes de un programa a otro. Por ejemplo, **Copiar** texto o imágenes en el portapapeles y **Pegarlos** en otro documento, en otro programa.... Texto que traslada de Word a un **programa de correo electrónico**.

Close ... Cerrar.... Dejar de usar un documento o un archivo..... Sacarlo de la pantalla.

Command ... Orden.... Una orden que el programa de la computadora comprende, que le ordena que lleve a cabo una tarea específica.

Cursor ... Cursor .... Una línea vertical parpadeante que aparece en un documento para mostrar dónde aparecerá el siguiente caracter del teclado o dónde se pegará el texto o la imagen.

D

Data base ... Base de datos.... Muy similar a la hoja de cálculo, excepto que usualmente sólo guarda una línea (la línea de una hoja de cálculo) en la memoria en un momento dado. **Las bases de datos** suelen tener demasiados registros para permitirlo.

Default ... Predeterminado.... Parámetros que están automáticamente prendidos cuando se escoge una acción para la que hay más de una posibilidad. Por ejemplo: si usted tiene más de una impresora en su sistema, la que es más probable que escoja es la que está <u>predeterminada</u>. Puede cambiar los parámetros temporal o permanentemente.

Dialog Box ... Cuadro de diálogo .... Un grupo de comandos que usted diseña para que su programa lleve a cabo algunas tareas complicadas. Por ejemplo, la orden en el cuadro de diálogo **Save<u>A</u>s (Guardar como)**, que se utiliza para dar un nombre único a un documento, decirle a la computadora dónde almacenar el documento, cómo formatearlo y muchas otras opciones.

DOS .... Otra sigla - el **<u>D</u>isk <u>O</u>perating <u>S</u>ystem (Sistema Operativo)....** En términos algo crípticos, significa lo que dice. Es el **programa** que permite que la computadora envíe y grabe información en un disco o que lea información grabada en el disco y la lleve a la memoria de la computadora. Funciona en **discos duros, disquetes** o **CD ROM**. De hecho, el **CD ROM** debe grabarse de modo que **DOS** pueda comprenderlo.

Download … Descargar.... El hecho de llevar algo de Internet a su computadora. Este término normalmente se utiliza para cosas que se han buscado con un Protocolo de Transferencia de Ficheros, también conocido como **FTP**.

E

Elevator button ... Barra lateral móvil ... Área en la parte derecha de la pantalla en la que puede colocar el puntero del ratón para mover el documento hacia arriba y hacia abajo, para poder ver qué es lo que ha escrito. El indicador de lugar de la barra lateral le indica dónde está usted en un documento, si tiene material encima o debajo de lo que tiene en pantalla.

Email … Correo electrónico.... Es el término que se utiliza para describir los mensajes que se han compuesto en un lugar y se transmiten electrónicamente en Internet a un receptor o a múltiples receptores. Estos mensajes fueron de los primeros usos públicos más prácticos de Internet.

Email Attachment ... Documento Adjunto.... Algo que se envía al mismo tiempo que un correo electrónico, pero que no es parte del mensaje. Por ejemplo: cualquier documento de un procesador de textos que usted quiera enviar, una imagen o incluso un mensaje con la voz grabada (incluso música o películas).

Email Client ... Programa de Correo Electrónico... Es un **programa** que prepara, envía y recibe correos electrónicos. En la actualidad, la mayoría de estos programas también pueden efectuar la mayoría de las funciones de los programas de procesamiento de textos. También tienen muchas aplicaciones automatizadas, como la posibilidad de firmar el mensaje, ir a cualquier otra cuenta de correo electrónico que usted tenga y leer los mensajes nuevos y enviar el mismo mensaje a mucha gente a la vez.

F

File … Archivo.... Un grupo de registros relacionados (la información sobre un tema específico).

Flexible, diskette, or floppy disk ... Disquete.... Un aparato portátil lo bastante pequeño como para transportarlo y guardarlo fácilmente. Se utiliza casi como el **disco duro**, para almacenar información de la computadora, tanto caracteres como imágenes. Los discos flexibles de hoy en día acostumbran a ser de aproximadamente 3-1/2"m, cuadrados y con una lámina de metal a un lado que protege el interior magnético flexible.

G

Gopher … Teletexto.... Uno de los primeros **programas** que hicieron que navegar por Internet fuera sencillo. Utiliza un sistema basado en menús para navegar por Internet.

H

Hard Disk… Disco Duro.... Un componente que normalmente se instala de forma permanente dentro de la computadora, que es capaz de grabar, almacenar y recuperar información o imágenes. Estos componentes tienen una gran capacidad. En la actualidad es común que puedan almacenar billones de caracteres en información. Hoy en día hay unidades de disco duro disponibles que se pueden poner y quitar, lo que mejora la seguridad y transportabilidad de los datos.

Hardware … Equipo físico .... La máquina electrónica que lleva a cabo las tareas que se le asignen. Esta pieza tiene un cordón que se enchufa a un tomacorriente eléctrico, se puede prender y apagar y proporciona los resultados que se esperan.

Highlight … Resaltar.... Para mostrar letras, palabras, imágenes, etcétera en contrario (blanco sobre negro), para que la computadora entienda qué quiere que haga.

Homepage … Página principal.... Página de inicio o principal de un grupo de páginas relacionadas, que se utiliza para guiar a una persona hacia otra información sobre el propietario de un sitio o a información que el propietario del sitio hace disponible a través de Internet.

Hyperlink … Hiperenlace.... Una palabra especial o un lugar en el texto que envía al lector a otro lugar, donde puede encontrar información específica. Este enlace funciona colocando la flecha del puntero del ratón sobre el hiperenlace y "haciendo clic".

Hypertext … Hipertexto.... El hipertexto se desarrolló en Cern Suiza, como un método para escribir trabajos académicos y científicos de modo que el lector pudiera trasladarse entre las numerosas referencias sólo colocando la flecha del puntero del ratón en un punto concreto y haciendo clic. El material de referencia aparece para que el lector lo examine.

Icon … Icono.... Una imagen que se utiliza para simbolizar una orden y cuando se hace clic en él con el ratón la ejecuta.

Internet.... Es un servicio que está disponible 24 horas al día, en todo el mundo. Lo controlan un grupo de computadoras de largo alcance. Se diseñó como un sistema de comunicaciones electrónico para que funcionara ininterrumpidamente, para el ejército de los Estados Unidos. En principio era una red "cableada". Ahora hay cables ópticos, satélites y otros vehículos "sin cable" que se utilizan como fuentes de transmisión.

ISP ... PSI.... Abreviatura para Proveedor de Servicios de Internet

J

Jughead.... Un programa que es un buscador que utilizan los clientes de Gopher. Sólo puede buscar datos que formen parte del sistema del cliente. A diferencia de Veronica, no puede hacer búsquedas en el Gopherespacio.

K

Kermit.... Un **programa** que utiliza protocolos **FTP** para trasladar información electrónica de un lugar lejano a su computadora (**descarga**) o de su computadora a un área de almacenamiento lejana (**carga**).

Keyboard... Teclado.... Un aparato que se utiliza para poner información en la computadora, de caracter en caracter. Los teclados de las computadoras se parecen a los que utilizan las máquinas de escribir mecánicas o eléctricas, hasta el punto de las letras están dispuestas para hacer más lenta la velocidad de los mecanógrafos para evitar atestar los dispositivos originales.

Keyword... Palabra clave.... Una palabra que describe el contenido de un sitio que usted esté buscando. Estas palabras se pueden utilizar combinadas entre sí, para darle más información al buscador sobre lo que quiere encontrar.

AOL y otros proveedores de Internet definen ciertos sitios asignándoles una *palabra clave* específica. Ésta técnica hace que la búsqueda de sitios preferidos sea más rápida... para los sitios que pagan por este privilegio.

L

List Processor .... Lista de Distribución ... Un **programa** que puede enviar un solo mensaje (sin importar su tamaño) a grupos de personas o lugares que almacenen mensajes para ponerlos a la disposición del público (tablero de anuncios). Estas listas pueden llegar a tener miles de mensajes, por lo que hace falta un programa muy potente para distribuir la información a tanta gente o tantos lugares.

Login... Conectarse... Nombre que uno da en un servicio que uno quiere usar y que le identificará cada vez que lo utilice. La mayor parte de las veces es un servicio gratuito, pero en algunos casos puede haber una tarifa.

Load(ing) ... Cargar ... Producir la información.

M

Mailing group… Grupo de correo electrónico.... Un grupo de direcciones de correo electrónico, que hará que un mensaje de correo electrónico llegue a cada miembro del grupo.

Mailing List… Lista de correo electrónico .... Lista de personas o grupos que comprenden la totalidad de personas o entidades que recibirán los envíos específicos de una **lista de distribución.**

Memory… Memoria.... Un área dentro del equipo físico de la computadora con capacidad para almacenar información que la computadora puede usar, en tanto el programa necesario esté en marcha y la computadora prendida.

Message Packet .... Paquete de mensajes ... Un grupo de caracteres que se envían de un lugar a otro en Internet. Estos paquetes están codificados de tal modo que en el proceso de enviar y recibir se asegura de que se envían y reciben todas las partes del mensaje por completo. Estos paquetes se transmiten de la computadora que transmite a la que recibe por diferentes rutas, por lo que algunos paquetes pueden perderse. Si una computadora que está recibiendo detecta que se ha perdido un paquete, pedirá a la computadora que envía que reenvíe ese paquete faltante, y la computadora que transmite lo hará.

Monitor o video.... Un aparato que se utiliza para mostrar caracteres y/o imágenes, en blanco y negro o a color. Estos aparatos *digitales* son los precursores de la tecnología televisiva más nueva.

Mosaic… Mosaico.... Es el más antiguo de los navegadores de hoy en día. Utilizaba fotografías (ahora se llaman **iconos**) para actuar como puntos de transferencia cuando se apuntaba y se "hacía clic" con el ratón.

N

Newsgroup… Grupo de discusión.... Grupo de noticias o discusión que forma parte de **Usenet**. Proporciona un medio de comunicación para muchas personas de todo el mundo que estén interesadas en el tema sobre el que usted está escribiendo, utilizando el correo electrónico.

O

Open… Abrir.... Encuentra y despliega información disponible que está en almacenada en un dispositivo.... Disco flexible, disco duro, disco óptico o CD-ROM.

P

Paragraph… Párrafo.... Texto que se termina utilizando la tecla **Intro⏎**. Como usted ya sabe, la computadora calcula lo largas que son las líneas, de modo que inicia automáticamente una línea nueva cuando se queda sin espacio en una línea, de modo que hasta que usted oprima la tecla **Intro⏎** se considerará que lo que escribe es un solo párrafo. El programa también considera como párrafos las líneas sueltas o vacías.

Password... Contraseña.... Una combinación especial de letras, números y símbolos, que se utiliza para verificar que usted es la persona que "Entra en el sistema" para utilizar un servicio. Las contraseñas se utilizan allí donde la seguridad es importante. (Es una buena idea cambiar las contraseñas frecuentemente).

Program... Programa.... Un grupo de instrucciones que la computadora puede comprender y que si se siguen se llevan a cabo las tareas.

Protocolo FTP.... Es un protocolo o procedimiento detallado que se utiliza para transferir archivos electrónicamente de una computadora a otra.

Q, R

Record .... Registro... Una colección de información sobre un tema en especial.

S

Save... Guardar.... Enviar información a un lugar de almacenaje permanente.... disquete, disco duro o disco óptico. Ya deben haberle dicho cómo y dónde guardar, con el comando **SaveAs**.

SaveAs... Guardar como.... Dar nombre al documento (cuando usted pide un nuevo documento al programa, le da un nombre general, como DOCUMENT1.DOC). Para asegurarse de que no guarda otra información en el mismo lugar de su disco, debe dar un nombre especial al nuevo documento. También puede decirle en qué disco poner su nuevo documento y cómo quiere escribirlo.

Search Engine... Buscador.... Un **programa** que trabaja de forma muy parecida a Archie y Verónica, excepto que estos motores modernos usan sitios en Internet. Utilizan catálogos de sitios, entran en los sitios y buscan palabras que la persona que está haciendo la búsqueda ha dado como descripción de lo que busca. Si la persona que busca información no es cuidadosa con el modo en que hace la pregunta, el buscador puede darle millones de respuestas que se ajustan a los "Términos de búsqueda".

Select... Seleccionar.... Para mostrar letras, palabras, imágenes, etcétera, en inverso (blanco sobre negro), para que la computadora comprenda qué desea que haga.

Shortcut Button... Icono de Acceso directo.... Un icono cuadrado u oblongo que aparece en la "Barra de herramientas" y contiene imágenes o iconos que indican qué actividad va a tener lugar si se apunta con el puntero del ratón encima y se "hace clic".

Software .... Las instrucciones que controlan el funcionamiento de la máquina. Es un grupo de instrucciones que le dicen cómo llevar a cabo una tarea que se haya pedido.

Spreadsheet... Hoja de cálculo.... Nombre que se da a programas que crean visualizaciones similares a las *hojas de cálculo* que usan los contables y que se utilizaba para diferentes tipos de análisis financieros.

Subscriber ... Suscriptor.... Una persona que pide que se la incluya en una **lista de distribución**, **tablero electrónico** u otro servicio que requiera que uno entre en el sistema o para recibir información específica de forma periódica.

T

Telnet.... Uno de los métodos más antiguos para conectar computadora. Hay bibliotecas de todo el mundo que todavía lo utilizan, para que la gente pueda revisar sus catálogos desde otro lugar.

Text Box ... Cuadro de texto.... Un rectángulo que usted puede crear en alguna área de su documento, que puede contener texto o imágenes. Puede mover esta casilla donde quiera, que el texto del documento fuera del cuadro esté "alrededor" del cuadro o si quiere que el cuadro tenga espacio en blanco a su alrededor.

Toolbar ... Barra de herramientas.... Un grupo de **iconos** a los que se asignan ciertas tareas. Están dispuestos en la parte superior e inferior de la zona donde se teclea el documento. Para dar las órdenes a las acciones que los iconos representan, hay que poner el puntero de ratón sobre un icono y hacer clic en el botón izquierdo del ratón.

U

Unix.... Software que se utiliza operar un sistema de computadoras, que vincula muchas computadoras a la vez y lleva a cabo el procesamiento de los mensajes entre ellas.

Upload ... Cargar archivos.... Es el acto de enviar material de su computadora a otra computadora o a un área de almacenamiento remota.

Usenet .... Es el predecesor del espacio **para charlar en la red**. Proporciona un sistema para que muchas personas de diferentes partes del mundo, que comparten un mismo interés, puedan comunicarse a través del **correo electrónico**.

V

Veronica .... Es un **programa** (un buscador o agente) que pueden encontrar información en cualquier lugar del **Gopherspace**. Veronica no está limitada a sitios tan específicos como los que utiliza Archie.

W

Windows 3.x, 95, 98, NT, 2000.... Es el nombre de un

programa (los números que siguen a la palabra "Windows" sólo indican qué versión es) que controla cómo y cuándo pueden funcionar otros programas. Con este programa la computadora puede estar usando diferentes programas al mismo tiempo. **Windows** es el nombre que le dio su fabricante, Microsoft. Permite abrir "ventanas" para ver lo que está ocurriendo en uno o más programas que pueden estar funcionando en el momento en que se están viendo.

Word Processing ... Tratamiento de textos.... Nombre que se da a los programas que aceptan instrucciones de dispositivos de entrada (teclados o micrófonos) y las graban a medida que aparecen las letras, los números o los dibujos que pueden convertirse en cartas, folletos, afiches u otros artículos. El resultado es parecido al que se conseguiría con una máquina de escribir. Algunos nombres de esos programas: **Microsoft Write, Microsoft Works, Microsoft Word, Microsoft Word Pad, Word Perfect y Claris Works.**

Word-wrap .... Ajuste automático de línea .... Significa que la computadora puede saber cuando termina una línea y empieza otra.

X, Y, Z

General

El Procesador de texto WordPad

Internet y Correo Electrónico